Low Carb
Band 2

Rezeptübersicht

Rezeptinfos

Alle Rezepte können sowohl im TM5 als auch im TM31 zubereitet werden. Für das Thermomix-Modell TM31 verwenden Sie statt 120°C ➔ VAROMA!

Soweit nichts anderes angegeben ist, muss der Mixtopf zwischen den Arbeitsvorgängen NICHT gespült werden.

Den Messbecher immer in das Deckelloch einsetzen, es sei denn es wird ausdrücklich darauf hingewiesen: ohne Messbecher.

Die Zutaten werden immer geschält, geputzt, entkernt etc. verwendet. Zum Beispiel: Knoblauchzehen vorher schälen, Tomaten vorher entstielen, Himbeeren vorher waschen usw.

Suppen

Spinat-Käse-Suppe 4
Paprikasuppe mit Hähnchenbrust........... 6
Bolognese-Eintopf 8
Asiatische Kokossuppe to go 10
Stroganoff-Suppe mit Champignons........ 12

Salate

Lauwarmer Blumenkohlsalat 14
Asiatischer Gurkensalat m. Garnelentaler 16
Babyspinatsalat mit Eiervinaigrette.......... 18
Frühlingssalat mit geräucherter Forelle ... 20
Capri-Salat mit Tomatensalsa 22
Schneller Krabbensalat 23
Brathähnchen-Salat mit Walnüssen 24

Snacks & Beilagen

Blumenkohl-Püree 26
Blumenkohl-Reis 27
Low Carb Brötchen..................... 28
Körner-Knäckebrot..................... 30
Kerniges Saatenbrot................... 31
Griechische Muffins mit Hackfleisch ... 32
Herzhafter Zwiebelkuchen mit Kümmel.... 34

Vegetarische Gerichte

Gefüllte Champignons mit Gorgonzola 36
Gratinierte Aubergine mit Feta................ 38
Grüne Zoodles mit Ziegenfrischkäse 40
Italienisches Schaumomlette 42
Überbackene Zucchini-Ravioli mit Pesto ... 44
Spinat-Ricotta-Gnoochi auf Tomatensoße.. 46
Spargel "Primavera" mit grünem Pesto 48
Lauch-Champignon-Omelette................. 50
Steinpilzflan mit gebrateten Zucchini 52

Gerichte mit Fisch

Lachs-Lauch-Ragout	54
Tomaten-Wein-Muscheln	56
Gefüllte Zwiebeln mit Thunfisch	58
Garnelencurry mit Blumenkohlreis	60
Kürbis-Lasagne mit Räucherlachs	62
Gebackene Forelle mit Gemüsefüllung	64
Surf & Turf Paella mit Lachs	66

Gerichte mit Fleisch

Sous-Vide Filetsteak mit Gazpachosalat	68
Pulled Pork Salatwraps	70
Gefüllte Champignons mit Chorizo	72
Bohnen-Gyros-Eintopf mit Feta	74
Low Carb Waffelburger	76
Schweinefilet mit Senfgemüse	78
Indischer Rindertopf mit Spinat	80
Würziger Gyros-Auflauf	82
Griechischer Rindereintopf mit Bohnen	84

Süsses

Schoko-Muffins	86
Schoko-"Hafer"-Kekse	88
Choc-Choc-Chip Cookies	89
Beeren-Crumble	90
Frischkäsekuchen mit Beeren	92
Schneller Tassenkuchen	94
Vanille-Joghurtmousse mit Erdbeeren	95
Schwarzwälder Creme	96
Himbeer-Zabaglione	97
Fruchtiger Quarkauflauf	98

Frühstück

Frühstücks-Porridge mit Blumenkohl	100
Mandel-Zucchini-Waffeln mit Zimt	102
Chia-Himbeer-Fruchtaufstrich	104
Varoma Frühstücksei	105

D.I.Y. Salat und Salatdressings 109

Abkürzungen:

B.	= Becher
Bd.	= Bund
Btl.	= Beutel
EL	= Esslöffel
g	= Gramm
geh.	= gehäuft
gem.	= gemahlen
gestr.	= gestrichen
getr.	= getrocknet
gr.	= groß
kg	= Kilogramm
kl.	= klein
↺	= Linkslauf
⌀	= Linkslauf herausnehmen
MB	= Messbecher
Msp.	= Messerspitze
Min.	= Minuten
P.	= Päckchen
Sek.	= Sekunden
Spr.	= Spritzer
St.	= Stück
TL	= Teelöffel
TK	= tiefgekühlt

Würzige SPINAT-KÄSE-SUPPE
- mit Mandelcrunch -

Zutaten:

200 g	Romadur (o. Camembert)
500 g	Spinat, portionierbar (TK)
600 g	Wasser
1 EL	Gemüsebrühpulver, gestr.
100 g	Mandelblättchen
1 TL	Meersalz
etwas	Pfeffer, frisch gem.
etwas	Muskatnuss, frisch gerieben

1. Käse in kleine Würfel schneiden, ca. 50 g davon zum Garnieren beiseite stellen. Mandelblättchen in einer Pfanne ohne Fett anrösten. Sofort auf einen Teller geben und abkühlen lassen.

2. Spinat, Wasser und Gemüsebrühpulver in den Mixtopf geben und **15 Min./100°C/Stufe 2** kochen.

3. Käse, Salz, Pfeffer und Muskatnuss in den Mixtopf zugeben und **4 Min./100°C/Stufe 2** schmelzen. Messbecher einsetzen und die Suppe **30 Sek./Stufe 8** pürieren. Suppe mit Mandelblättchen und Käsewürfeln bestreut servieren.

TIPP
Auch sehr lecker mit Gorgonzola!

einfach

Zubereitungszeit: ca. 20 Min.
Aktiv: 2 Min.

ZUM Löslöffeln

4 Portionen

Pro Portion
kcal: 330, KH: 2 g, EW: 20,5 g, Fett: 25 g

Bunte PAPRIKASUPPE
- mit Hähnchenbrust -

Zutaten:

400 g	Hähnchenbrustfilet
45 g	Sojasauce, Tamari (glutenfrei)
2 TL	5-Gewürze-Pulver
500 g	Paprika-Mix (rot, gelb, grün)
2	Knoblauchzehen
1	Zwiebel (80 g)
1	Karotte (130 g)
2 EL	Paprikapulver, edelsüß
40 g	Tomatenmark
40 g	Olivenöl
150 g	Zucchini, in Stücken
2-3	Lorbeerblätter
1 TL	Meersalz
etwas	Pfeffer
1,5 EL	Gemüsebrühpulver
750 g	Wasser
100 g	Schmand
etwas	gehackte Petersilie

1. Hähnchenbrustfilet in Streifen schneiden, mit Sojasauce und 5-Gewürze-Pulver mind. 1 Std. marinieren.

2. Je 75 g der roten und gelben Paprika beiseitelegen. Rest in kleine Würfel schneiden und auf den Einlegeboden geben.

3. Knoblauch, Zwiebel und Karotte in Stücken in den Mixtopf geben, **5 Sek./Stufe 5** zerkleinern. Mit dem Spatel vom Mixtopfrand nach unten schieben. Paprikapulver, Tomatenmark und Olivenöl zugeben und **5 Min./120°C/Stufe 2** dünsten.

4. Zucchini mit den beiseite gelegten Paprikastücken in den Mixtopf geben und **5 Sek./Stufe 5** zerkleinern. Lorbeerblätter, Salz, Pfeffer, Gemüsebrühpulver und Wasser zugeben. Marinierte Hähnchenstreifen in den Varoma geben. Einlegeboden mit den Paprikawürfeln in den Varoma einsetzen. Mixtopf schließen, Varoma aufsetzen und alles **25 Min./Varoma/Stufe 1** garen.

5. Nach Garzeitende Varoma abnehmen, Lorbeerblätter aus der Suppe entfernen. Mixtopf wieder verschließen. Messbecher einsetzen und **20 Sek./Stufe 7-8** pürieren. Schmand zufügen und **15 Sek./Stufe 3** mixen. Suppe mit bunten Paprikawürfeln und Hähnchenstreifen anrichten und mit etwas gehackter Petersilie garnieren.

TIPP
5-Gewürze-Pulver finden Sie bei den Asia-Produkten im Supermarkt.

einfach

Zubereitungszeit: ca. 35 Min. | Aktiv: 10 Min.
Marinierzeit: ca. 1 Std.

SATT-MACHER Suppe

4 Portionen

Pro Portion
kcal: 356, KH: 14 g, EW: 30 g, Fett: 18 g

Bolognese EINTOPF
– mit Sellerie-Croutons –

Zutaten:

Für die Sellerie-Croutons:
- 1 Knoblauchzehe
- 2 EL Olivenöl
- 1 TL Kräuter der Provence
- 200 g Sellerie, gewürfelt

Für den Eintopf:
- 400 g Rinderhackfleisch
- 100 g Karotte
- 60 g Sellerieknolle
- 2 Knoblauchzehen
- 1 kl. Zwiebel (30 g)
- 100 g Schinkenwürfel, roh
- 15 g Tomatenmark
- 1 EL Olivenöl
- 400 g stückige Tomaten (Dose)
- 2 Lorbeerblätter
- 1 TL Oregano
- 1 TL Fleischbrühpulver (Bio)
- 1 TL Meersalz
- 1 TL Balsamicoessig, dunkel
- 400 g Wasser
- 500 g Brokkoli
- 100 g Lauch
- 2 Handvoll Rucola, grob gehackt

1. **Sellerie-Croutons:** Backofen auf 130°C Umluft vorheizen. Knoblauch mit Öl und Kräutern **5 Sek./Stufe 5** im Mixtopf zerkleinern. Alles mit dem Spatel Richtung Mixtopfboden schieben. Selleriewürfel zufügen und **5 Sek./Stufe 2** vermengen. Auf ein mit Backpapier ausgelegtes Blech geben. Für ca. 1 Std. backen, zwischendurch Croutons wenden. Mixtopf muss nicht gespült werden.

2. **Eintopf:** Hackfleisch im Varoma verteilen. Karotte, Sellerie, Knoblauch und Zwiebel in Stücken in den Mixtopf geben und **5 Sek./Stufe 5** zerkleinern. Mit dem Spatel alles vom Mixtopfrand nach unten schieben. Schinkenwürfel, Tomatenmark und Öl zugeben und **4 Min./120°C/Stufe 1** dünsten.

3. Tomaten, Lorbeerblätter, Oregano, Brühpulver, Salz, Balsamicoessig und Wasser in den Mixtopf zugeben und verschließen. Varoma mit dem Hackfleisch aufsetzen und alles **15 Min./Varoma/Stufe 1** garen.

4. Inzwischen Brokkoli waschen, putzen und in Röschen teilen. Strunk schälen und in Scheiben schneiden. Lauch in Streifen schneiden. Nach der Garzeit Brokkolistrunk und Lauch in den Mixtopf zugeben. Brokkoliröschen auf dem Einlegeboden verteilen und in den Varoma einsetzen. Varoma aufsetzen und weitere **15 Min./Varoma/ /Stufe 1** garen.

5. Nach Garzeitende Brokkoli und Hackfleisch zum Eintopf geben. Bolognese-Eintopf mit Sellerie-Croutons und Rucola garniert servieren.

mittelschwer

Zubereitungszeit: ca. 35 Min.
Aktiv: 10 Min.

WARM UMS Herz

4 Portionen

TIPP
Bereiten Sie gleich mehr Sellerie-Croutons zu. Sie schmecken als Snack und bereichern bunte Salate als Topping.

Pro Portion
kcal: 413, KH: 23,5 g, EW: 33 g, Fett: 23,5 g

Asiatische KOKOSSUPPE
- to go -

Zutaten:

1 Stück	Ingwer (ca. 1,5 cm)
1	kl. rote Zwiebel (40 g)
1	kl. Karotte (ca. 40 g)
1 EL	Kokosöl
300 g	Zucchini
100 g	Kokosmilch
10 g	grüne Currypaste
1 TL	Limettensaft
2 EL	Sojasauce, Tamari (glutenfrei)
2 TL	Gemüsebrühpulver
100 g	Champignons
280 g	gegarte Garnelen (Kühlregal)

Außerdem: 2 Gläser à ca. 800 ml

1. Ingwer, Zwiebel und Karotte in Stücken in den Mixtopf geben, **5 Sek./Stufe 5** zerkleinern und mit dem Spatel nach unten schieben. Öl zugeben und **3 Min./120°C/Stufe 1** dünsten.

2. Zucchini mit Hilfe eines Spiralschneiders/Julienneschneiders in dünne "Zoodles" schneiden und in den Gareinsatz füllen. Restliche Zutaten (außer Champignons und Garnelen) in den Mixtopf geben. Gareinsatz einsetzen. Mit eingesetztem Messbecher **5 Min./Varoma/Stufe 2** dünsten. Gareinsatz aus dem Mixtopf nehmen und weitere **5 Min./Varoma/Stufe 2** einstellen. Anschließend **15 Sek./Stufe 7** pürieren.

3. Champignons putzen und in feine Scheiben schneiden, mit Limettensaft beträufeln. Asia-Suppenmischung auf zwei verschließbare Gläser aufteilen. Anschließend Garnelen, Champignons und zum Schluss die Zucchininudeln darauf schichten. Glas für unterwegs gut verschließen.

4. **Zum Servieren:** Je ca. 250 ml sprudelnd kochendes Wasser in die Gläser geben, umrühren und ca. 3 Min. bis zum Genuss warten.

TIPP
Am besten auf zimmerwarme Zutaten das heiße Wasser einfüllen. Falls die Suppe zu kalt ist, stellen Sie diese zum Erwärmen noch in die Mikrowelle.

einfach

Zubereitungszeit: ca. 30 Min.
Aktiv: 15 Min.

Suppe TO GO

2 Portionen

Pro Portion
kcal: 397, KH: 12 g, EW: 33 g, Fett: 23 g

Stroganoff SUPPE
- mit Champignons -

Zutaten:

1	Zwiebel, halbiert (40 g)
150 g	Lauch, in Stücken
500 g	Champignons, in Scheiben geschnitten
2 EL	Olivenöl
400 g	Rinderrouladen
750 g	Wasser
1 TL	Meersalz
etwas	Pfeffer, frisch gem.
2 TL	Rinderbrühpulver
4	Gewürzgurken (ca. 60 g)
1 TL	grüne Pfefferkörner, eingelegt
80 g	Crème fraîche
2 EL	Dijon-Senf
etwas	Zitronenschalenabrieb
etwas	Crème fraîche
etwas	Dill zum Garnieren

1. Zwiebel und Lauch in den Mixtopf geben, **10 Sek./Stufe 5** zerkleinern und mit dem Spatel nach unten schieben. Champignons und Öl zugeben und **6 Min./120°C/Stufe 1** dünsten. Fleisch in Streifen schneiden und in den Gareinsatz geben.

2. Wasser, Salz, Pfeffer und Brühpulver zugeben und Gareinsatz mit Fleischstreifen einsetzen. Das Ganze **20 Min./100°C/ /Stufe 1** garen. Währenddessen die Gewürzgurken in Streifen schneiden. Nach Garzeitende Gareinsatz mit dem Fleisch auf einem Teller abstellen.

3. Gewürzgurken und die restlichen Zutaten in den Mixtopf zugeben und **1 Min./100°C/ /Stufe 2** unterrühren. Noch einmal mit Salz und Pfeffer abschmecken. Fleisch aus dem Gareinsatz zur Suppe geben und mit etwas Crème fraîche und frischem Dill garniert servieren.

einfach

Zubereitungszeit: ca. 35 Min.
Aktiv: ca. 15 Min.

Deftig SCHLEMMEN

4 Portionen

Pro Portion
kcal: 274, KH: 5 g, EW: 28 g, Fett: 15 g

Lauwarmer BLUMENKOHL-SALAT
- mit Hackfleisch -

Zutaten:

Für den Salat:

300 g	Blumenkohl
200 g	Prinzessbohnen
500 g	Wasser
100 g	Baby-Blattspinat
30 g	Tomaten
40 g	Kalamata-Oliven
80 g	Rinderhackfleisch

Für das Dressing:

10 g	getr. Tomaten, in Öl eingelegt, abgetropft
1 Handvoll	Basilikumblätter
20 g	Sardellen
etwas	Salz & Pfeffer
30 g	Weißweinessig
30 g	Olivenöl
10 g	Tomatenmark
20 g	Wasser

1. Blumenkohl und Prinzessbohnen putzen und im Varoma verteilen. Wasser in den Mixtopf füllen, Varoma aufsetzen und das Ganze **18 Min./Varoma/Stufe 1** dünsten.

2. Währenddessen den Baby-Blattspinat waschen und trocken schleudern. Auf zwei Tellern verteilen. Tomaten in Scheiben schneiden und mit den Oliven darauf verteilen. Eine Pfanne erhitzen und das Hackfleisch anbraten.

3. Gemüse und Hackfleisch auf den Salattellern verteilen. Mixtopf kalt ausspülen. Für das Dressing die getrockneten Tomaten **5 Sek./Stufe 5** zerkleinern. Restliche Zutaten für das Dressing zugeben und **10 Sek./Stufe 4** mixen. Dressing über dem angerichteten Salat verteilen.

TIPP
Schwarze Kalamata-Oliven sind voll ausgereift und von Natur aus schwarz. Die meisten anderen schwarzen Oliven werden gefärbt und schneiden geschmacklich nicht so gut ab.

einfach — Zubereitungszeit: ca. 15 Min.

Asiatischer GURKENSALAT
- mit Garnelentaler -

Zutaten:

500 g	Gurke
1	kl. rote Zwiebel (30 g)

Für das Dressing:

etwas	Koriander (altern. Petersilie)
1 Stück	Ingwer (haselnussgroß)
1	gelbe Peperoni
100 g	Kokosmilch
3 EL	Limettensaft
etwas	Erythrit
½ TL	Meersalz
etwas	Pfeffer, frisch gem.
½ TL	Currypulver

Für die Garnelenbällchen:

160 g	rohe Garnelen, küchenfertig*
1	kl. Zwiebel, halbiert (30 g)
1	Knoblauchzehe
1 Stück	Ingwer (haselnussgroß)
1	Chilischote, entkernt
2 TL	Kokosöl
1	Schollenfilet (110g)
1	Eiweiß
1 TL	Meersalz
etwas	Koriandersamen, gem.

1. Gurke mit einem Sparschäler in breite "Nudeln" schneiden. Zwiebel halbieren, in feine Scheiben schneiden und in ein Sieb geben. Heiß abbrausen, dann ist die Zwiebel etwas besser verträglich.

2. Koriander, Ingwer und Peperoni im Mixtopf **5 Sek./Stufe 5** zerkleinern. Restliche Zutaten für das Dressing zufügen und **15 Sek./Stufe 3** vermengen. Über die Gurken geben und, während die Garnelenbällchen zubereitet werden, marinieren lassen. Mixtopf spülen.

3. Garnelen schälen und trocken tupfen. Garnelen in den Mixtopf geben und **5 Sek./Stufe 4** zerkleinern. Umfüllen.

4. Zwiebel, Knoblauch, Ingwer und Chilischote in Stücken in den Mixtopf geben und **5 Sek./Stufe 5** zerkleinern. Mit dem Spatel alles vom Mixtopfrand nach unten schieben. 1 TL Kokosöl zugeben und das Ganze **3 Min./120°C/Stufe 1** dünsten.

5. Schollenfilet, Eiweiß und Salz dazugeben und **5 Sek./Stufe 7** pürieren. Gemahlene Koriandersamen und gehackte Garnelen dazugeben und **10 Sek./Stufe 2** unterrühren. Aus der Masse kleine Bällchen formen.

6. Restliches Kokosöl in einer Pfanne erhitzen und die Garnelentaler goldbraun anbraten. Währenddessen mit gemahlenem Koriander und etwas Salz würzen. Vorsichtig wenden, damit sie nicht auseinanderfallen. Zusammen mit dem Gurkensalat servieren.

mittelschwer | Zubereitungszeit: ca. 30 Min. Aktiv: 25 Min.

GRÜNER Nudel-salat

2 Portion

Info Garnelen:
* wenn Sie TK-Garnelen kaufen, diese vorher auftauen. Rohe Garnelen sind immer bläulich (siehe S.60). Erst beim Braten erhalten Sie ihre typisch rosige Farbe.

Pro Portion
kcal: 410, KH: 12 g, EW: 29 g, Fett: 26 g

Babyspinat SALAT
- mit Eiervinaigrette -

Zutaten:

400 g	Wasser
4	Eier (Gr. M)
100 g	Baby-Blattspinat
100 g	Serranoschinken
20 g	Apfelessig
40 g	Olivenöl
1 TL	Dijon-Senf
½ TL	Meersalz
etwas	Pfeffer, frisch gem.
1 Handvoll	Petersilie, fein gehackt

1. Wasser in den Mixtopf füllen. Eier in den Gareinsatz geben, einsetzen und **13 Min./Varoma/Stufe 1** garen. Gareinsatz herausnehmen und die Eier abschrecken, abkühlen lassen und Eier pellen. Mixtopf spülen.

2. Babyspinat-Blätter in Streifen schneiden und auf zwei Tellern verteilen. Eine Pfanne bei mittlerer Temperatur erhitzen und den Serranoschinken darin ohne Fett knusprig rösten. Auf Küchenpapier abtropfen lassen.

3. Gepellte Eier in den Mixtopf geben und **3 Sek./Stufe 3** hacken. Essig, Olivenöl, Senf, Salz und Pfeffer zugeben und **5 Sek./ /Stufe 4** vermengen und über den Salat geben. Knusprigen Schinken in Stücken darauf verteilen und mit Petersilie bestreuen.

TIPP
Je nach Saison können Sie unterschiedliche Blattsalate verwenden!

einfach — Zubereitungszeit: ca. 15 Min. Aktiv: 15 Min.

Ei Ei Ei Ei
IST DAS LECKER!

2 Portionen

Pro Portion
kcal: 460, KH: 2 g, EW: 30,5 g, Fett: 36 g

Frischer FRÜHLINGSSALAT
- mit geräucherter Forelle -

Zutaten:

500 g	Wasser
500 g	Spargel
1	Romanasalatherz (150g)

Für das Dressing:

1 Handvoll	Petersilie
100 g	Stangensellerie
100 g	Radieschen
50 g	Olivenöl
20 g	Weißweinessig
½ TL	Kräutersalz
etwas	Pfeffer, frisch gem.
1 Msp.	Erythrit
1 TL	Dijon-Senf
300 g	geräucherte Forelle
etwas	frischer Schnittlauch, in Röllchen geschnitten

1. Wasser in den Mixtopf geben und verschließen. Spargel schälen und holzige Enden abschneiden. Spargel in den Varoma geben, aufsetzen, und **20 Min./Varoma/Stufe 1** bissfest garen.

2. Nach Garzeitende unter fließend kaltem Wasser abschrecken und den Mixtopf kalt ausspülen. Inzwischen Salat waschen, trocken schleudern und in mundgerechte Stücke teilen. Auf zwei Tellern verteilen. Spargel in der Mitte halbieren und auf die Salatblätter geben.

3. Petersilie im Mixtopf **5 Sek./Stufe 5** hacken. Sellerie und Radieschen in Stücken zusammen mit restlichen Dressing-Zutaten zugeben und **4 Sek./Stufe 4** mixen und auf den Tellern verteilen. Forelle in mundgerechte Stücke teilen und auf dem Salat verteilen. Mit frischem Schnittlauch garnieren.

TIPP
Auch sehr lecker mit grünem Spargel!

einfach — Zubereitungszeit: ca. 30 Min. Aktiv: 10 Min.

2 Portionen

HALLO Frühling

Pro Portion
kcal: 463, KH: 8 g, EW: 37 g, Fett: 30 g

Erfrischender CAPRI-SALAT
– mit Tomatensalsa –

 2 Portionen

Zutaten:

500 g	Zucchini
1 TL	Meersalz

Für die Salsa:

400 g	Cocktailtomaten
10 g	Olivenöl
1 Handvoll	Basilikum
1	Knoblauchzehe
1	kl. Schalotte (20 g)
10 g	Balsamicoessig, dunkel
etwas	Pfeffer, frisch gem.
etwas	Cayennepfeffer, nach Geschmack
125 g	Mini-Mozzarella

> **TIPP**
> Die Tomaten-Salsa eignet sich auch super zum Dippen!

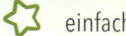 einfach

 Zubereitungszeit: ca. 25 Min.
Aktiv: 7 Min.

1. Zucchini mit einem Sparschäler oder V-Hobel längs in dünne Streifen schneiden. In ein Sieb geben und mit Meersalz bestreuen. Vorsichtig durchmischen und ca. 20 Min. ziehen lassen. Anschließend mit einem Küchenkrepp trocken tupfen und auf zwei Teller aufteilen.

2. 200 g der Tomaten halbieren. Die anderen 200 g mit den restlichen Salsa-Zutaten in den Mixtopf geben und **25 Sek./Stufe 6** pürieren. Salsa über Zucchini verteilen.

3. Mini-Mozzarella halbieren und mit den Tomaten auf den Tellern anrichten.

Pro Portion
kcal: 319, KH: 14 g, EW: 18 g, Fett: 19 g

Schneller KRABBENSALAT
- mit Radieschen -

2 Portionen

Zutaten:

450 g	Gurke
80 g	Apfel (z.B. Gala)
1	kl. rote Zwiebel (30 g)
100 g	Radieschen
20 g	Olivenöl
10 g	Weißweinessig
1 TL	Kräutersalz
etwas	Pfeffer, frisch gem.
etwas	Dill
1 TL	Dijon-Senf
etwas	Dill zum Garnieren
200 g	Nordseekrabben

1. Gurke längs aufschneiden, mit einem Teelöffel entkernen und in Stücke schneiden. Apfel in Stücke schneiden. Zwiebel halbieren. Alles in den Mixtopf geben.

2. Die restlichen Zutaten (außer Krabben) zugeben und **8 Sek./Stufe 4** hacken.

3. Salat auf zwei Tellern verteilen, Krabben daraufgeben und mit Dill garnieren.

TIPP
Schmeckt auch mit geräuchertem Fisch wie Forelle oder Lachs!

 einfach

 Zubereitungszeit: ca. 5 Min.
Aktiv: 5 Min.

Pro Portion
kcal: 257, KH: 13 g, EW: 21 g, Fett: 12 g

Brathähnchen SALAT
- mit Walnüssen -

Zutaten:

½	Brathähnchen, gegart (ca. 300 g)
500 g	Staudensellerie, in Stücken
1 Handvoll	Petersilie

Für das Dressing:

15 g	Mayonnaise
15 g	Dijon-Senf
20 g	Weißweinessig
1 TL	Meersalz
etwas	Pfeffer, frisch gem.
etwas	Erythrit
20 g	mildes Olivenöl oder Rapsöl

25 g	Walnusskerne
etwas	Petersilie zum Garnieren

1. Haut und Brathähnchenfleisch von den Knochen lösen und das Fleisch zerrupfen. Sellerie putzen und in Stücke schneiden.

2. Sellerie, Petersilie und die Zutaten für das Dressing in den Mixtopf geben und **5 Sek./Stufe 4** zerkleinern.

3. Walnüsse in einer Pfanne ohne Fett anrösten, sofort auf einen Teller geben und abkühlen lassen. Die Brathähnchenhaut in die heiße Pfanne geben und knusprig braten. Walnüsse grob hacken.

4. Selleriesalat mit gezupftem Hähnchenfleisch, Walnüssen, etwas gehackter Petersilie und der knusprigen Haut garniert servieren.

Selbstgemachte Mayonnaise

1	Eigelb
½ TL	Senf
2 Prisen	Meersalz
200 g	Rapsöl
10 g	Zitronensaft
etwas	Cayennepfeffer

Eigelb, Senf und Salz in den Mixtopf geben und auf **Stufe 3,5** laufen lassen. Dabei das Öl langsam durch die Deckelöffnung einfüllen, ohne dabei den Messbecher abzunehmen. Mit Zitronensaft und Cayennepfeffer abschmecken.

einfach | Zubereitungszeit: ca. 15 Min. Aktiv: 15 Min.

BROTZEIT
Schmankerl

2 Portionen

Pro Portion
kcal: 476, KH: 7 g, EW: 29 g, Fett: 35 g

Blumenkohl
PÜREE

4 Portionen

Zutaten:

75 g	Parmesan, in Stücken
400 g	Blumenkohl
100 g	Sellerie
50 g	Wasser
75 g	Frischkäse (z.B. Exquisa leicht)
1 TL	Meersalz
etwas	Muskatnuss, frisch gerieben

1. Parmesan **20 Sek./Stufe 8** reiben und umfüllen.

2. Blumenkohl und Sellerie in Stücken **10 Sek./Stufe 5** zerkleinern. Wasser dazugeben und **10 Min./Varoma/Stufe 1** garen.

3. Restliche Zutaten zugeben und **1 Min./Stufe 6** pürieren.

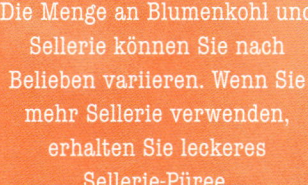

TIPP
Die Menge an Blumenkohl und Sellerie können Sie nach Belieben variieren. Wenn Sie mehr Sellerie verwenden, erhalten Sie leckeres Sellerie-Püree.

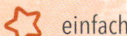 einfach

Zubereitungszeit: ca. 15 Min.
Aktiv: 5 Min.

Pro Portion
kcal: 126, KH: 4 g, EW: 11 g, Fett: 6 g

Blumenkohl
REIS

2 Portionen

Zutaten:

400 g	Blumenkohl
½ TL	Meersalz
40 g	Wasser

1. Blumenkohl in Stücken in den Mixtopf geben und **5 Sek./Stufe 4,5** auf Reiskorngröße zerkleinern.

2. Salz und Wasser zufügen und **9 Min./100°C/** /**Stufe 1** garen.

TIPP
Geben Sie bei Schritt 1 geröstete Pinienkerne, Mandeln oder andere Saaten dazu. Auch mit Gewürzen können Sie dem Reis eine leckere Geschmacksnote verleihen.

einfach

Zubereitungszeit: ca. 10 Min.
Aktiv: 5 Min.

Pro Portion
kcal: 56, KH: 5 g, EW: 5 g, Fett: 1 g

Low Carb BRÖTCHEN
- auf Vorrat -

Zutaten:

200 g	Mandeln
85 g	Sesam
35 g	Goldleinsamen
50 g	Flohsamenschalen
250 g	Magerquark
4	Eier (Gr. M)
1 P.	Weinstein-Backpulver
2 TL	Meersalz
10 g	Apfelessig

1. Backofen auf 160°C Ober-/Unterhitze vorheizen. Mandeln, Sesam und Goldleinsamen **30 Sek./Stufe 9** mahlen, mit dem Spatel Richtung Mixtopfboden schieben.

2. Alle weiteren Zutaten für die Brötchen zugeben und **2 Min./Stufe 4** mithilfe des Spatels vermengen. Für eine gute Bindung 10 Min. ruhen lassen.

3. Mit angefeuchteten Händen den Teig zu Brötchen formen, auf ein mit Backpapier ausgelegtes Blech geben und ca. 40 Min. goldbraun backen.

Tipp: Sie können aus diesem Teig auch ein Baguette formen.

Lecker dazu:
Puten-Ei-Aufstrich

1 Handvoll	Petersilie, ohne Stiele
150 g	Putenbrustaufschnitt
1	Ei, hart gekocht
50 g	Frischkäse
1 TL	Currypulver
1 Prise	Salz & Pfeffer

Petersilie im Mixtopf **3-5 Sek./Stufe 8** zerkleinern. Restliche Zutaten dazugeben und **5-10 Sek./Stufe 4-5** verrühren.

TIPP
Bewahren Sie die Brötchen im Kühlschrank auf oder frieren Sie sie ein.

10 Brötchen

WIE VOM *Bäcker!*

Pro Brötchen
kcal: 235, KH: 3 g, EW: 13 g, Fett: 17 g

Körner-KNÄCKEBROT
- gesunder Snack -

Zutaten:

80 g	Mandeln
180 g	Goldleinsamen
80 g	Sesam
100 g	Kürbiskerne
130 g	Wasser
1	Ei (Gr. M)
1 EL	Meersalz

1. Backofen auf 130°C Ober-/Unterhitze vorheizen. Mandeln, 80 g der Goldleinsamen und 40 g Sesam **1 Min./Stufe 10** mahlen.

2. Restliche Zutaten dazugeben und **1 Min./Teigstufe** zu einem festen Teig vermengen. Umfüllen und ca. 20 Min. quellen lassen.

3. Teig auf ein mit Backpapier belegtes Backblech geben. Frischhaltefolie darauf legen und flach ausrollen. Folie entfernen und ca. 90 Min. backen. Noch warm in gewünschte Scheibengröße schneiden.

TIPP
Am besten bewahren Sie es in einer Metalldose auf, damit es keine Feuchtigkeit zieht und weich wird. Sie können das Knäckebrot auch gut einfrieren.

einfach

Zubereitung inkl. Backzeit: 1 Std. 50 Min.
Aktiv: 6 Min.

Pro Scheibe
kcal: 125, KH: 1 g, EW: 8 g, Fett: 9 g

Kerniges SAATENBROT
- mit 5 Saaten -

35 Scheiben

Zutaten:

80 g	Parmesan
100 g	Emmentaler
100 g	Mandeln
80 g	Haselnüsse
200 g	Goldleinsamen
50 g	Leinsamen
150 g	Kürbiskerne
100 g	Sesam
50 g	Sonnenblumenkerne
1 EL	Meersalz
6	Eier (Gr. M)
60 g	neutrales Öl

1. Backofen auf 160°C Ober-/Unterhitze vorheizen. Käsesorten in Stücken in den Mixtopf geben und **15 Sek./Stufe 8** reiben. Umfüllen. Mandeln und Haselnüsse **5 Sek./Stufe 6** grob hacken. Zum Käse umfüllen.

2. Goldleinsamen und Leinsamen **7 Sek./Stufe 9** grob mahlen. Umgefüllte und restliche Zutaten für das Brot in den Mixtopf geben und **2 Min./Teigstufe** mithilfe des Spatels zu einem festen Teig vermengen.

3. Teig in eine mit Backpapier ausgelegte Kastenform geben und ca. 70 Min. backen. Dazu passt der Puten-Ei-Aufstrich auf S. 28.

TIPP
Das Brot ist sehr kompakt und sättigend. Damit Sie viel davon haben, bewahren Sie es am besten im Kühlschrank auf, oder frieren es scheibenweise ein. Es lässt sich gut im Toaster aufbacken.

einfach

Zubereitung inkl. Backzeit: ca. 55 Min.
Aktiv: 5 Min.

Pro Scheibe
kcal: 145, KH: 1,5 g, EW: 8 g, Fett: 11 g

Griechische MUFFINS
- mit Hackfleisch -

Zutaten:

300 g	Blattspinat, portionierbar (TK)
1	kl. Zwiebel (40 g)
1	Knoblauchzehe
10 g	Olivenöl
50 g	Wasser
200 g	Rinderhackfleisch
1 TL	Meersalz
½ TL	Oregano, getr.
etwas	Pfeffer, frisch gem.
etwas	Muskat, frisch gerieben
3	Eier (Gr. M)
1 EL	Sesamsamen
40 g	Feta

1. Backofen auf 180°C Ober-/Unterhitze vorheizen. Blattspinat in den Mixtopf geben und **5 Min./100°C/Stufe 1** auftauen. In ein Sieb umfüllen und gut ausdrücken (es bleiben ca. 140 g übrig).

2. Zwiebel und Knoblauch im Mixtopf **5 Sek./Stufe 5** zerkleinern. Mit dem Spatel alles vom Mixtopfrand nach unten schieben. Öl und Wasser dazugeben. Hackfleisch in den Gareinsatz geben und flach drücken. Gareinsatz einsetzen und **10 Min./120°C/Stufe 1** dünsten. Nach Garzeitende Gareinsatz mit Hackfleisch herausnehmen.

3. Restliche Zutaten (außer Sesam und Feta) in den Mixtopf dazugeben und **20 Sek./Stufe 2** vermengen. Muffinförmchen dazu etwas einfetten. Hackfleisch darin verteilen und mit der Eiermasse auffüllen. Feta zerbröseln und mit dem Sesam auf den Muffins verteilen. Im Backofen ca. 35 Min. backen.

mittelschwer
Zubereitung inkl. Backzeit: ca. 55 Min.
Aktiv: 10 Min.

Herzhafter ZWIEBELKUCHEN
- mit Kümmel -

Zutaten:

Für den Teig:
- 100 g Mandeln, ganz
- 75 g Haselnusskerne
- 15 g Flohsamenschalen, gem. (ca. 3 EL)
- 50 g weiche Butter
- 1 Ei (Gr. M)
- 1 TL Meersalz

Für die Füllung:
- 200 g Zwiebeln, halbiert
- 20 g Öl
- 120 g Schwarzwälder Schinken
- ½ TL Kümmel, gem.
- 200 g Ricotta
- 4 Eier (Gr. M)
- 1 TL Meersalz
- etwas Pfeffer, frisch gem.

Zum Bestreuen:
- etwas Kümmel, ganz
- etwas Petersilie, frisch gehackt

1. Backofen auf 200°C Ober-/Unterhitze vorheizen. Mandeln und Haselnüsse im Mixtopf **20 Sek./Stufe 8** mahlen. Restliche Zutaten für den Teig zugeben und **20 Sek./Stufe 3** vermengen. Eine Springform mit Butter einfetten und mit dem Teig auskleiden. Mit einer Gabel mehrfach einstechen und 10 Min. vorbacken. Mixtopf spülen.

2. Zwiebeln im Mixtopf **6 Sek./Stufe 4** zerkleinern. Mit dem Spatel vom Mixtopfrand nach unten schieben. Öl zugeben und **3 Min./120°C/ /Stufe 1** dünsten. Schinken in Streifen schneiden und mit Kümmel zu den Zwiebeln geben **5 Min./Varoma/ /Stufe 1** kochen lassen.

3. Ricotta, Eier, Salz und Pfeffer dazugeben und **15 Sek./Stufe 3** vermengen. Masse auf den vorgebackenen Boden füllen und mit ein paar Kümmelsamen bestreuen.

4. Für ca. 35 Min. in den Backofen geben, bis die Zwiebelmasse schön goldbraun ist. Zum Servieren mit etwas Petersilie bestreuen.

TIPP
Der Kümmel ist nicht nur eine geschmackliche Komponente, sondern hilft ihrem Bauch auch bei der Verdauung der Zwiebeln.

mittelschwer | Zubereitung inkl. Backzeit: ca. 60 Min. Aktiv: 17 Min.

TOLLE Knolle

8 Stücke

Pro Stück
kcal: 350, KH: 3,5 g, EW: 17 g, Fett: 29,5 g

Gefüllte CHAMPIGNONS
- mit Gorgonzola -

Zutaten:

600 g	große Champignons, ca. 8 Stück (z.B. Portobello)
160 g	Spinat, portionierbar (TK)
1	kl. Zwiebel (80 g)
2	Knoblauchzehen
20 g	Olivenöl
150 g	Gorgonzola
1 TL	Meersalz
etwas	Pfeffer, frisch gem.
etwas	frisch geriebene Muskatnuss

1. Backofen auf 180°C Ober-/Unterhitze vorheizen. Spinat in den Mixtopf geben und **5 Min./100°C/Stufe 1** auftauen. In ein Sieb umfüllen und gut ausdrücken. Pilze putzen, Stiele heraustrennen und den Champignonkopf vorsichtig aushöhlen. Das ausgehöhlte Fruchtfleisch **3 Sek./Stufe 5** hacken und umfüllen.

2. Zwiebeln und Knoblauch im Mixtopf **5 Sek./Stufe 5** zerkleinern. Mit dem Spatel alles vom Mixtopfrand nach unten schieben. Olivenöl zugeben und **3 Min./120°C/Stufe 1** dünsten. Ausgedrückten Spinat, Gorgonzola, Champignonfruchtfleisch, Salz und Pfeffer zufügen und **2 Min./90°C/Stufe 1** köcheln lassen. Mit etwas frisch geriebener Muskatnuss abschmecken.

3. Masse auf die vorbereiteten Champignonköpfe verteilen und ca. 20 Min. im Backofen überbacken.

TIPP
Genießen Sie die gefüllten Champignons zu einem gemischten Salat. Kombinieren Sie mit den Chorizo Champignons auf Seite 72.

einfach

Zubereitung inkl. Backzeit: ca. 40 Min.
Aktiv: 10 Min.

PFIFFIGE Pilzköpfe

2 Portionen

Pro Portion
kcal: 463, KH: 5 g, EW: 30 g, Fett: 34,5 g

Gratinierte AUBERGINE
- mit Feta -

Zutaten:

500 g	Aubergine
etwas	Meersalz
20 g	Olivenöl
125 g	Feta
1 Bd.	Petersilie
3	Eier (Gr. M)
etwas	Pfeffer, frisch gem.

Für die Tomatensoße:

1	kl. Zwiebel (40 g)
2	Knoblauchzehen
10 g	Olivenöl
400 g	Tomaten, stückig (Dose)
1 TL	Oregano, getr.
¼ TL	Cayennepfeffer (oder Harissa)
½ TL	Meersalz

Zum Garnieren:

1 EL	Pinienkerne
etwas	Petersilie, frisch gehackt

1. Backofen auf 180°C Ober-/Unterhitze vorheizen. Aubergine waschen, Stielansatz entfernen und in ca. 1 cm dicke Scheiben schneiden und salzen. Ca. 20 Min. ziehen lassen. Mit einem Küchenkrepp trocknen und mit Olivenöl dünn bestreichen. Auf ein mit Backpapier ausgelegtes Backblech geben und ca. 20 Min. goldbraun backen.

2. Feta und Petersilie im Mixtopf **4 Sek./Stufe 5** zerkleinern. Eier und Pfeffer dazugeben und **5 Sek./Stufe 3** vermengen. Umfüllen. Mixtopf spülen.

3. Zwiebel und Knoblauch im Mixtopf **5 Sek./Stufe 5** zerkleinern. Mit dem Spatel alles vom Mixtopfrand nach unten schieben. Olivenöl zugeben und **3 Min./120°C/Stufe 2** dünsten. Restliche Zutaten für die Tomatensoße zugeben und **20 Min./Varoma/Stufe 2** einkochen.

4. Eine Auflaufform mit den Auberginenscheiben auslegen. Tomatensoße darauf geben und mit der Ei-Feta-Mischung begießen. Im Backofen ca. 30 Min. backen.

5. Pinienkerne in einer Pfanne ohne Fett goldbraun rösten, sofort auf einen Teller zum Abkühlen geben. Aubergine mit Pinienkernen und Petersilie bestreut servieren.

einfach

Zubereitung inkl. Backzeit: ca. 2 Std.
Aktiv: 20 Min.

Schicht für Schicht
GENIESSEN

3 Portionen

Pro Portion
kcal: 376, KH: 12,5 g, EW: 18 g, Fett: 27,5 g

Grüne ZOODLES
- mit Ziegenfrischkäse -

Zutaten:

600 g	Zucchini
1	Knoblauchzehe
60 g	getr. Tomaten, in Öl eingelegt, abgetropft
100 g	Wasser
1 TL	Gemüsebrühpulver
40 g	Walnusskerne
200 g	Ziegenfrischkäse (z.B. Chavroux)
etwas	Pfeffer, frisch gem.
etwas	Cayennepfeffer, nach Geschmack

1. Zucchini mit einem Spiralschneider/Julienneschneider in feine "Zoodles" schneiden. Auf dem Varoma Einlegeboden verteilen.

2. Knoblauch und getrocknete Tomaten im Mixtopf **5 Sek./Stufe 5** zerkleinern. Wasser und Gemüsebrühpulver dazugeben. Varoma aufsetzen und **10 Min./Varoma/Stufe 1** dünsten.

3. Zwischenzeitlich die Walnüsse in einer Pfanne ohne Fett anrösten. Sofort auf einen Teller zum Abkühlen geben, später grob hacken.

4. Varoma absetzen. Ziegenfrischkäse, Pfeffer und Cayennepfeffer in den Mixtopf zugeben und **10 Sek./Stufe 3** verrühren. Gedünstete Zoodles auf zwei Tellern verteilen, Soße darüber geben und mit den gerösteten Walnüssen garniert servieren.

TIPP
Wenn Sie keinen Ziegenfrischkäse mögen, schmeckt das Gericht auch mit normalem Frischkäse. Oft ist Ziegenfrischkäse von Natur aus salzig, daher erst einmal abschmecken und dann ggf. nachsalzen!

einfach
Zubereitungszeit: ca. 20 Min.
Aktiv: 10 Min.

Pasta OHNE KOHLENHYDRATE

2 Portionen

Pro Portion
kcal: 410, KH: 15 g, EW: 21 g, Fett: 29 g

Italienisches SCHAUM-OMELETTE
- mit grünem Spargel -

Zutaten:

200 g	grüner Spargel
100 g	Cocktailtomaten
10 g	Olivenöl
4	Eier, getrennt (Gr. M)
1 Prise	Meersalz
1 Handvoll	Basilikum, gehackt
1 TL	Zitronensaft
½ TL	Kräutersalz
etwas	Pfeffer, frisch gem.
10 g	Olivenöl zum Ausbacken

1. Backofen auf 180°C Ober-/Unterhitze vorheizen. Spargel waschen und holzige Enden abschneiden. Tomaten in Scheiben schneiden. 1 EL Olivenöl in einer feuerfesten (für den Backofen geeigneten) Pfanne erhitzen. Spargel ca. 5 Min. bei mittlerer Hitze bissfest braten und aus der Pfanne nehmen.

2. **Rühreinsatz einsetzen.** Eiweiß mit einer Prise Salz in den Mixtopf geben und **1 Min./Stufe 4** steif schlagen. Umfüllen. **Rühraufsatz nicht entfernen.**

3. Restliche Zutaten für das Schaumomelette in den Mixtopf geben und **5 Sek./Stufe 3** vermengen. Eischnee zufügen und **15 Sek./Stufe 3** unterheben.

4. Pfanne wieder mit 1 EL Öl erhitzen. Tomaten und Spargel hineingeben. Anschließend die Schaummasse darüber gießen und 30 Sek. anbraten. Pfanne in den Backofen stellen und Omelette ca. 10 Min. im Backofen goldbraun backen. Das fertige Omelette auf einen Teller stürzen.

TIPP
Sollten Sie keine feuerfeste Pfanne zu Hause haben, können Sie den Spargel nach dem Braten in eine Auflaufform legen. Mit Eimasse übergießen und im Ofen backen. Hinweis: Die Backzheit verlängert sich entsprechend!

mittelschwer

Zubereitung inkl. Backzeit: ca. 40 Min.
Aktiv: 25 Min.

BESONDERS *luftig*

2 Portionen

Pro Portion
kcal: 277, KH: 5 g, EW: 17 g, Fett: 21 g

überbackene ZUCCHINI-RAVIOLI
- mit Pesto -

Zutaten:

800 g	Zucchini, große

Für das Pesto:
50 g	Parmesan
40 g	Basilikumblätter
2	Knoblauchzehen
60 g	Pinienkerne, geröstet
40 g	Olivenöl
½ TL	Meersalz

125 g	Mozzarella

Für die Füllung:
1	Knoblauchzehe
250 g	Spinat, aufgetaut
10 g	Olivenöl
250 g	Ricotta
100 g	Parmesan
1	Ei (Gr. M)
½ TL	Meersalz
etwas	Pfeffer, frisch gem.
etwas	Muskatnuss, frisch gerieben

1. Backofen auf 180°C Ober-/Unterhitze vorheizen. Zucchini mit einem Gemüsehobel in ca. 3 mm dünne Scheiben schneiden, salzen und ca. 20 Min. Wasser ziehen lassen.

2. 150 g Parmesan in Stücken im Mixtopf **10 Sek./Stufe 9** reiben und 100 g davon umfüllen. Restliche Zutaten für das Pesto einfüllen und **7 Sek./Stufe 7** mixen. Umfüllen und Mixtopf spülen. Mozzarella in Stücken in den Mixtopf geben und **7 Sek./Stufe 9** zerkleinern. Umfüllen.

3. Knoblauch im Mixtopf **5 Sek./Stufe 5** zerkleinern. Spinat ausdrücken und in den Mixtopf geben. Öl zugeben und **4 Min./120°C/Stufe 1** ohne Messbecher dünsten. Restliche Zutaten für die Füllung und den geriebenen Parmesan zufügen, **3 Sek./Stufe 4** verrühren.

4. Eine Auflaufform mit etwas Olivenöl auspinseln. Zucchinischeiben mit Küchenkrepp trocken tupfen und überkreuzt aufeinanderlegen. 1 EL der Füllung darauf geben und einklappen. Vorsichtig in die Auflaufform mit der "Naht" nach unten legen. Den Vorgangn wiederholen, bis die Zutaten aufgebraucht sind. Die Ravioli mit Mozzarella und Pesto bedecken und ca. 35 Min. im vorgeheizten Backofen backen.

TIPP
Servieren Sie dazu einen Salat.

mittelschwer

Zubereitung inkl. Backzeit: ca. 60 Min.
Aktiv: 30 Min.

HÜBSCH verpackt

4 Portionen

Pro Portion
kcal: 616, KH: 10 g, EW: 34 g, Fett: 48 g

Spinat-Ricotta-Gnocchi
- auf Tomatensoße -

Zutaten:

Für die Gnocchi:

100 g	Parmesan
450 g	Blattspinat, portionierbar (TK)
250 g	Ricotta
2	Eigelb
1 TL	Meersalz
etwas	Muskat, frisch gerieben
etwas	Pfeffer, frisch gem.

Für die Tomatensoße:

1	kl. Karotte (30 g)
1	kl. Zwiebel (20 g)
1	Knoblauchzehe
10 g	Olivenöl
1 EL	ital. Kräuter, getr.
1 TL	Meersalz
10 g	Balsamicoessig, dunkel
800 g	Tomaten, stückig (Dose)
200 g	Wasser

1. Parmesan in Stücken in den Mixtopf geben und **10 Sek./Stufe 9** reiben. Umfüllen.

2. Spinat im Mixtopf **10 Min./100°C/Sanftrührstufe** auftauen. In ein Sieb umfüllen und gut ausdrücken (es bleiben ca. 200 g übrig). Parmesan, Spinat und die restlichen Zutaten für die Gnocchi in den Mixtopf geben und **30 Sek./Stufe 4** vermengen. Umfüllen und ca. 15 Min. quellen lassen. Mixtopf spülen.

3. Aus der Masse mit den Händen kleine Gnocchi formen und auf dem Varoma Einlegeboden verteilen.

4. Karotte in Stücken, Zwiebel und Knoblauch im Mixtopf **5 Sek./Stufe 5** zerkleinern. Mit dem Spatel alles vom Mixtopfrand nach unten schieben. Olivenöl zugeben und **5 Min./120°C/Stufe 1** dünsten.

5. Restliche Zutaten für die Soße einfüllen. Mixtopf verschließen und den Varoma daraufsetzen. Alles **30 Min./Varoma/Stufe 1** garen. Gnocchi zusammen mit der Soße servieren.

einfach

Zubereitungszeit: ca. 60 Min.
Aktiv: ca. 20 Min.

ITALIENISCHER Genuss

3 Portionen

Pro Portion
kcal: 449, KH: 17 g, EW: 27 g, Fett: 29 g

Italienischer SPARGEL "PRIMAVERA"
- mit grünem Pesto -

Zutaten:

Für das Pesto:
50 g	Parmesan
40 g	Bärlauch (oder Basilikum)
50 g	Pinienkerne, geröstet
30 g	Olivenöl
½ TL	Salz

1 kg	Spargel
etwas	Erythrit
etwas	Meersalz
500 g	Wasser

4	Eier (Gr. M)
200 g	Cocktailtomaten
etwas	Parmesan

1. Parmesan in Stücken in den Mixtopf geben und **10 Sek./Stufe 9** reiben. Restliche Zutaten für das Pesto einfüllen und **7 Sek./Stufe 7** mixen. Umfüllen. Mixtopf spülen.

2. Spargel schälen und holzige Enden abschneiden. Mit Erythrit und Salz würzen, in den Varoma geben. Wasser in den Mixtopf füllen und den Spargel **12 Min./Varoma/Stufe 1** garen. Eier in den Gareinsatz geben und einsetzen. Varoma wieder aufsetzen und weitere **8 Min./Varoma/Stufe 1** garen. Zwei Teller auf den Varoma stellen, um diese vorzuheizen. Tomaten waschen und halbieren.

3. Varoma und die angewärmten Teller zur Seite stellen. Mixtopf spülen. Eier pellen und im Mixtopf **3 Sek./Stufe 2** zerkleinern. Spargel auf den Tellern verteilen. Mit den gehackten Eiern, Tomaten und dem Pesto anrichten. Etwas Parmesan darüber reiben.

TIPP
Das Gericht schmeckt auch sehr gut, wenn Sie statt des Pestos einfach etwas Olivenöl und Basilikumblätter über den Spargel geben.

einfach

Zubereitungszeit: ca. 45 Min.
Aktiv: ca. 25 Min.

zart GEGART

2 Portionen

Pro Portion
kcal: 666, KH: 14 g, EW: 38 g, Fett: 49 g

Lauch-Champignon OMELETTE
- aus dem Varoma -

Zutaten:

150 g	Lauch
300 g	Champignons
10 g	Olivenöl
6	Eier (Gr. M)
50 g	Milch
etwas	Pfeffer, frisch gem.
1 TL	Meersalz
1 TL	Thymian, getr. oder ital. Kräuter
500 g	Wasser

1. Backpapier auf den Varoma Einlegeboden zuschneiden, sodass seitlich noch Löcher frei sind. Lauch in Stücken in den Mixtopf geben und **4 Sek./Stufe 4** zerkleinern.

2. Champignons in Scheiben schneiden, zusammen mit dem Öl in den Mixtopf zugeben und **10 Min./Varoma/ /Stufe 1** dünsten.

3. Restliche Zutaten (außer Wasser) einfüllen und **10 Sek./Stufe 3** verrühren. Masse in den Varoma Einlegeboden geben und verteilen. Mixtopf kurz aus-spülen. Wasser in den Mixtopf geben, verschließen und den Varoma aufsetzen. Omelette in **20 Min./Varoma/Stufe 1** fertig garen.

Variante
Kombinieren Sie Gemüse je nach Saison. Auch Varianten mit Schinken oder Salami und Kräutern schmecken sehr gut.

50 | Vegetarische Gerichte · einfach · Zubereitungszeit: ca. 40 Min. Aktiv: ca. 10 Min.

Ruck Zuck FERTIG!

2 Portionen

Pro Portion
kcal: 344, KH: 7 g, EW: 28 g, Fett: 22 g

Aromatischer STEINPILZFLAN
- mit gebratenen Zucchini -

Zutaten:

20 g	Steinpilze, getrocknete
1	kl. Zwiebel (30 g)
2	Knoblauchzehen
½ Bd.	Petersilie
10 g	Butter
½ TL	Meersalz
etwas	Pfeffer, frisch gem.
2	Eier (Gr. L)
100 g	Sahne
ca. 10 g	Butter für die Gläser
500 g	Wasser
400 g	Zucchini
10 g	Olivenöl
etwas	Salz und Thymian

Außerdem: 4 Sturzgläser (ca. 200 ml)

1. Steinpilze in einer Schüssel mit lauwarmem 200 g Wasser ca. 30 Min. quellen lassen. Steinpilze aus der Flüssigkeit nehmen und in den Mixtopf geben. Steinpilzflüssigkeit beiseitestellen.

2. Zwiebel, Knoblauch und Petersilie zugeben und **5 Sek./Stufe 5** zerkleinern. Mit dem Spatel alles vom Mixtopfrand nach unten schieben. Butter zugeben und **3 Min./120°C/Stufe 1** dünsten.

3. 50 g Steinpilzflüssigkeit, Salz und Pfeffer in den Mixtopf geben und **8 Min./100°C/Stufe 2,5** garen. Eier und Sahne zugeben und **15 Sek./Stufe 6** pürieren, noch einmal mit Salz und Pfeffer abschmecken.

4. Zwei Gläser mit Butter einfetten und die Masse hineingeben. Gläser im Varoma verteilen. Mixtopf kurz ausspülen und mit 500 g Wasser befüllen. Varoma aufsetzen und **20 Min./Varoma/Stufe 1** garen.

5. Zucchini waschen und in Stifte schneiden. Eine Pfanne mit Öl erhitzen und die Zucchini anbraten, mit Salz und Thymian würzen. Um den Flan aus den Gläsern zu stürzen vorher mit einem scharfen Messer am Glasrand entlang schneiden. Mit den gebratenen Zucchini anrichten.

einfach

Zubereitung inkl. Quellzeit: ca. 65 Min.
Aktiv: ca. 15 Min.

SO EIN Glückspilz

(2 Portionen)

Pro Portion
kcal: 394, KH: 10 g, EW: 15 g, Fett: 31 g

Lachs-Lauch RAGOUT
- mit Meerrettich -

Zutaten:

250 g	Lachsfilet, TK

Für die Marinade:

½	Zitrone, Saft und Schalenabrieb davon
100 g	Apfel, in Stücken
1 TL	Sahne-Meerrettich
1 TL	Meersalz
500 g	Rettich, geschält, gewürfelt
1 Stange	Lauch (250 g)
20 g	Rapsöl
etwas	Pfeffer, frisch gem.
¼ TL	Kümmel, gem.
etwas	Muskatnuss, frisch gerieben
50 g	Meerrettich-Frischkäse
etwas	Petersilie, frisch gehackt

1. Lachs antauen lassen, waschen, trocken tupfen und in 2 cm große Würfel schneiden. Lachswürfel in den Varoma geben. Alle Zutaten für die Marinade in den Mixtopf geben und **5 Sek./Stufe 5** vermengen. Marinade auf den Lachswürfeln verteilen.

2. Rettich und Lauch in Stücken in den Mixtopf geben und **10 Sek./Stufe 4** mithilfe des Spatels grob zerkleinern. Öl, Pfeffer, Kümmel und Muskat zugeben und **6 Min./120°C/ /Stufe 1** dünsten.

3. Varoma aufsetzen und **15 Min./Varoma/ /Stufe 1** garen. Varoma absetzen. Frischkäse zufügen und **10 Sek./ /Stufe 1** verrühren. Lachswürfel mit Rettich und Lauch vermengen und mit etwas Petersilie garniert servieren.

TIPP
Runden Sie das Gericht mit dem Blumenkohlpüree von Seite 26 ab! Schmeckt auch mit Kohlrabi statt Rettich oder mit einer Kombination aus beiden. Wenn Sie mehr Meerrettich-Geschmack möchten, geben Sie noch etwas Sahne-Meerrettich zum Gemüse.

einfach

Zubereitungszeit: ca. 30 Min.
Aktiv: ca. 5 Min.

WÜRZIG MIT Rettich

2 Portionen

Pro Portion
kcal: 504, KH: 18 g, EW: 33,5 g, Fett: 31 g

Tomaten-Wein-MUSCHELN
- aus dem Varoma -

Zutaten:

Für den Sud:

150 g	Karotten, in Stücken
50 g	Knollensellerie, in Stücken
1	gelbe Peperoni, entkernt
150 g	Zwiebeln, halbiert
2	Knoblauchzehen
200 g	Lauch, in feine Streifen geschnitten
40 g	Olivenöl
15 g	Tomatenmark
200 g	geschälte Tomaten (Dose)
2	Lorbeerblätter
etwas	Cayennepfeffer
250 g	Weißwein, trocken
1 TL	Meersalz
etwas	Pfeffer, frisch gem.
etwas	Erythrit
2 kg	Miesmuscheln, küchenfertig
1 Bd.	Petersilie

1. Karotten, Sellerie, Peperoni, Zwiebeln und Knoblauch in den Mixtopf geben und **5 Sek./Stufe 5** zerkleinern. Lauch, Olivenöl und Tomatenmark zugeben und **5 Min./120°C/Stufe 1** dünsten.

2. Restliche Zutaten für den Sud zugeben, **17 Min./100°C/ /Sanftrührstufe** reduzieren und dabei den Messbecher nicht in das Deckelloch einsetzen, sondern den Gareinsatz als Spritzschutz oben auf den Mixtopfdeckel stellen.

3. Muscheln in der Zwischenzeit unter fließendem kalten Wasser waschen, in den Varoma geben und gut abtropfen lassen. Varoma aufsetzen und **15 Min./Varoma/Stufe 1** garen. Petersilie waschen, trocknen und fein hacken. Muscheln zusammen mit dem Sud anrichten und mit Petersilie bestreut servieren.

Tipp: Sortieren Sie geöffente Muscheln vor dem Garen aus. Muscheln die nach dem Kochen geschlossen sind, müssen ebenfalls aussortiert werden.

TIPP
Dazu können Sie auch Gemüse wie z.B. Prinzessbohnen servieren. Den übrigen Sud können Sie als Suppe löffeln bzw. am nächsten Tag mit Gemüse und Fisch als Suppengrundlage verwenden!

einfach

Zubereitungszeit: ca. 50 Min.
Aktiv: ca. 20 Min.

2 Portionen

LECKERES aus dem Meer

Pro Portion
kcal: 622, KH: 26,5 g, EW: 38 g, Fett: 29 g

Gefüllte ZWIEBELN
- mit Thunfisch -

Zutaten:

15 g	Walnusskerne
50 g	Parmesan
600 g	Gemüsezwiebeln (4 Stk.)
1	rote Paprika
1	gelbe Paprika
500 g	Wasser
1 TL	ital. Kräuter, getr.
½ TL	Salz

Für die Füllung:

1 Handvoll	Petersilie
30 g	getr. Tomaten, in Öl eingelegt, abgetropft
1 Dose	Thunfisch, naturell (Abtr.gew. 130 g)
10 g	Olivenöl
10 g	Kapern
etwas	Pfeffer
½ TL	Meersalz
1 TL	ital. Kräuter, getr.
20 g	Olivenöl

1. Walnusskerne und Parmesan in den Mixtopf geben und **10 Sek./Stufe 6** hacken. Umfüllen.

2. Zwiebeln schälen, einen Deckel abschneiden und aushöhlen (z.B. mit einem Kugelausstecher). Darauf achten, dass noch ein dicker Rand stehen bleibt. Ausgehöhltes beiseite stellen. Paprika in Würfel schneiden und in den Gareinsatz geben. Zwiebeln mit der Öffnung nach unten in den Varoma legen.

3. Backofen auf 180°C Ober-/Unterhitze vorheizen. Wasser in den Mixtopf füllen. Gareinsatz einhängen, Varoma aufsetzen und alles **16 Min./Varoma/Stufe 1** garen.

4. Paprikawürfel nach Ende der Garzeit in eine Auflaufform geben und mit Salz und Kräutern würzen. Zwiebeln daraufsetzen. Mixtopf spülen.

5. Für die Füllung Petersilie und getrocknete Tomaten **5 Sek./Stufe 5** zerkleinern. Restliche Zutaten für die Füllung und das Zwiebel-Ausgehöhlte dazugeben und **3 Sek./Stufe 4** vermengen.

6. Masse in die Zwiebeln füllen und mit Parmesan-Nussbröseln bestreuen. Olivenöl darüber träufeln und für ca. 35 Min. in den Backofen geben.

einfach

Zubereitungszeit: ca. 45 Min.
Aktiv: ca. 20 Min.

4 Portionen

PARMESAN-NUSS Topping

Pro Portion
kcal: 261, KH: 13 g, EW: 15 g, Fett: 15 g

Scharfes GARNELENCURRY
- mit Blumenkohlreis -

Zutaten:

400 g	Blumenkohl, in Stücken
2	Knoblauchzehen
1 Stück	Ingwer, walnussgroß
150 g	rote Paprika, in Stücken
250 g	Zucchini, in Stücken
150 g	Lauch, in Ringe geschnitten
10 g	Olivenöl oder Kokosöl
1 TL	rote Currypaste (z.B. Exotic Food)
½ TL	Meersalz
etwas	Pfeffer, frisch gem.
300 g	rohe Garnelen, küchenfertig*
etwas	Korianderkörner, frisch gem.
100 g	Kokosmilch

1. Blumenkohl im Mixtopf **5 Sek./Stufe 5** auf Reiskorngröße zerkleinern und in den Gareinsatz umfüllen. Mixtopf ausspülen.

2. Knoblauch und Ingwer im Mixtopf **10 Sek./Stufe 10** hacken. Paprika und Zucchini dazugeben und **5 Sek./Stufe 4** zerkleinern. Mit dem Spatel vom Mixtopfrand nach unten schieben.
Lauch, Öl, Currypaste sowie Salz und Pfeffer dazugeben und **6 Min./120°C/ /Stufe 1** dünsten.

3. In der Zwischenzeit die rohen Garnelen mit Koriander würzen und in den Varoma geben.

4. Kokosmilch in den Mixtopf zugeben. Gareinsatz einsetzen, Mixtopf schließen und Varoma aufsetzen.
Alles **12-15 Min./Varoma/ /Stufe 1** fertig garen.
Alles zusammen servieren.

Info Garnelen:
* wenn Sie TK-Garnelen kaufen, diese vorher auftauen. Rohe Garnelen sind immer bläulich. Erst beim Braten erhalten Sie ihre typisch rosige Farbe.

einfach

Zubereitungszeit: ca. 25 Min.
Aktiv: ca. 15 Min.

Farbenfrohes Curry

2 Portionen

Pro Portion
kcal: 398, KH: 21,5 g, EW: 30 g, Fett: 18,5 g

Kürbis LASAGNE
- mit Räucherlachs -

Zutaten:

30 g	Kürbiskerne
120 g	Cheddar
700 g	Butternut-Kürbis, geschält, in Stücken
1	gr. Zwiebel, in Stücken
10 g	Olivenöl
300 g	saure Sahne
125 g	Wasser
2 TL	Gemüsebrühpulver
1 TL	Meersalz
etwas	Pfeffer, frisch gem.
etwas	Muskatnuss, frisch gerieben
450 g	Kohlrabi
300 g	Räucherlachs (z.B. Sockeye Wildlachs)

1. Backofen auf 200°C Ober-/Unterhitze vorheizen. Kürbiskerne in den Mixtopf geben und **5 Sek./Stufe 5** hacken. Umfüllen. Cheddar **8 Sek./Stufe 8** zerkleinern. Umfüllen.

2. Kürbisstücke in den Mixtopf geben und **15 Sek./Stufe 4** grob raspeln. Umfüllen.

3. Zwiebel im Mixtopf **5 Sek./Stufe 5** zerkleinern und mit dem Spatel nach unten schieben. Olivenöl zugeben und **3 Min./120°C/Stufe 1** dünsten. Kürbis, saure Sahne, Wasser, Gemüsebrühpulver und weitere Gewürze dazugeben und alles **5 Min./100°C/Stufe 3** kochen.

4. Kohlrabi schälen und mit einem Gemüsehobel in feine Scheiben schneiden (sie dienen als "Lasagne-Platten").

5. Eine Auflaufform mit etwas Olivenöl auspinseln. Abwechselnd Kürbismasse, Räucherlachs und Kohlrabischeiben einschichten, bis alles aufgebraucht ist. Mit Kürbis abschließen und den geriebenen Käse und die Kürbiskerne darauf verteilen. Lasagne im Backofen ca. 40 Min. backen.

Info
Sockeye-Wildlachs ist magerer als normaler Räucherlachs.

einfach
Zubereitung inkl. Backzeit: ca. 1 Std. 15 Min.
Aktiv: ca. 20 Min.

4 Portionen

LECKERES aus dem Ofen!

Pro Portion
kcal: 520, KH: 23 g, EW: 32 g, Fett: 32 g

Gebackene FORELLE

- mit Gemüsefüllung -

Zutaten:

2	frische Forellen
etwas	Meersalz
etwas	Pfeffer, frisch gem.

Für die Füllung:

80 g	Cheddar (altern. Emmentaler)
1	Zwiebel, halbiert (60 g)
2	Knoblauchzehen
10 g	Olivenöl
1 Handvoll	Petersilie
200 g	Champignons
200 g	Karotte
350 g	Knollensellerie
150 g	Lauch
2	Lorbeerblätter
1 TL	Bohnenkraut
1 TL	Meersalz
½ TL	Paprikapulver, edelsüß
100 g	Crème fraîche
etwas	Pfeffer, frisch gem.
etwas	Muskatnuss, frisch gerieben
1	Eigelb

Außerdem: Holzspieße

1. Backofen auf 200°C Ober-/Unterhitze vorheizen. Forellen auswaschen, trocknen und mit Salz und Pfeffer ausstreuen.

2. Käse in Stücken **4 Sek./Stufe 8** reiben. Umfüllen. 2 EL davon beiseite stellen zum Überbacken des Fisches.

3. Zwiebel, Knoblauch und Petersilie **5 Sek./Stufe 5** hacken. Mit dem Spatel vom Mixtopfrand nach unten schieben. Öl zufügen und **3 Min./120°C/Stufe 1** dünsten.

4. Gemüse in Stücken zugeben und **20 Sek./Stufe 4** mit Hilfe des Spatels zerkleinern. Lorbeerblätter, Bohnenkraut, Salz und 100 g Wasser zufügen. **15 Min./Varoma/ /Sanftrührstufe** garen. 2 EL der Gemüsemischung umfüllen.

5. Crème fraîche, Käse, Pfeffer und Muskat zugeben und **10 Sek./Stufe 3** verrühren. Gemüse in eine Auflaufform füllen. Die restlichen 2 EL Gemüse wieder in den Mixtopf geben. Eigelb zufügen und **15 Sek./Stufe 4** verrühren. Die Forellen damit füllen. Mit einem Holzspießchen verschließen, auf das Gemüse geben und mit dem restlichen Käse bestreuen. Für ca. 25 Min. in den vorgeheizten Backofen geben.

Info
Sie können alternativ auch eine Dorade füllen. Oder anstatt den Fisch zufüllen einfach ein Fischfilet (z.B. Lachs) auf das Gemüse legen.

mittelschwer

Zubereitungszeit: ca. 50 Min.
Aktiv: ca. 25 Min.

FISCH Ahoi!

2 Portionen

Pro Portion
kcal: 703, KH: 20 g, EW: 57 g, Fett: 41 g

Surf & Turf PAELLA
- mit Lachs -

Zutaten:

125 g	Lachs
100 g	Serranoschinken (altern. Parmaschinken)
400 g	Blumenkohl, in Stücken
100 g	Paprika, in Stücken
40 g	Kalamata-Oliven, entsteint
1	Zwiebel, halbiert
2	Knoblauchzehen
10 g	Butter
20 g	Tomatenmark
½ Döschen	Safran
1 TL	Meersalz
40 g	Wasser
1 EL	Olivenöl zum Anbraten
etwas	Petersilie, frisch gehackt

1. Lachs waschen, trocken tupfen und mit dem Schinken umwickeln. Blumenkohl im Mixtopf **5 Sek./Stufe 4,5** auf Reiskorngröße zerkleinern. Umfüllen. Paprika in den Mixtopf geben, **3 Sek./Stufe 3** zerkleinern und zum Blumenkohl geben. Oliven hacken.

2. Zwiebel und Knoblauch in den Mixtopf geben und **5 Sek./Stufe 5** zerkleinern. Mit dem Spatel alles vom Mixtopfrand nach unten schieben. Butter, Tomatenmark und Safran dazugeben und **3 Min./100°C/Stufe 2** dünsten.

3. Blumenkohl-Paprika-Reis, Oliven, Salz und Wasser in den Mixtopf zugeben und **8 Min./100°C/ /Stufe 1** garen. Zwischenzeitlich eine Pfanne mit Olivenöl erhitzen und den umwickelten Lachs auf mittlerer Stufe braten.

4. Blumenkohlrisotto abschmecken, gebratenen Lachs darauf geben und mit etwas Petersilie garnieren.

einfach

Zubereitungszeit: ca. 25 Min.
Aktiv: ca. 15 Min.

MIT BLUMENKOHL
Risotto

2 Portionen

Pro Portion
kcal: 502, KH: 12 g, EW: 35 g, Fett: 33 g

Sous-Vide FILETSTEAK
- mit Gazpacho-Salat -

Zutaten:

2	Rinderfiletsteaks (à 250 g), vakuumiert*
2 EL	Butterschmalz oder Kokosöl
etwas	grobes Meersalz (z.B. Fleur de Sel)

Für den Gazpacho-Salat:

je 1	rote, gelbe und grüne Paprika, in Stücken (je 150 g)
400 g	Gurke, entkernt, in Stücken
1	kl. Zwiebel (30 g)
2	Knoblauchzehen
15 g	Tomatenmark
30 g	Balsamicoessig, dunkel
1 TL	Meersalz
etwas	Pfeffer, frisch gem.
1 Spritzer	Tabasco
30 g	Olivenöl
etwas	Minze zum Garnieren

1. Für den Gazpacho-Salat alle Zutaten in den Mixtopf geben und **8 Sek./Stufe 4** zerkleinern. Umfüllen und ca. 1 Std. ziehen lassen. Mixtopf spülen.

2. Steaks vakuumieren (*das kann man auch beim Metzger machen lassen). Gareinsatz in den Mixtopf geben und die Steaks hineingeben. So weit mit Wasser auffüllen, bis diese bedeckt sind. Mixtopf verschließen und **50 Min./60°C/Stufe 1** garen.

3. Bevor die Zeit abgelaufen ist, eine Pfanne mit Öl stark erhitzen. Steaks aus der Folie nehmen und von beiden Seiten ca. 1,5 Min. scharf anbraten. Wenn Sie möchten, können Sie die Seiten auch rundherum bräunen. Mit grobem Meersalz bestreuen. Zusammen mit dem Gazpacho-Salat servieren.

Dazu passt: Leichte Aioli

3	Knoblauchzehen	Knoblauch mit einer Gabel zu Mus zerdrücken. Das Mus mit Schmand, Salz und Pfeffer in den Mixtopf geben und **6 Sek./Stufe 3** verrühren. Thermomix auf **Stufe 3,5** laufen lassen und dabei das Öl (vorher abgewogen) ganz langsam durch die Deckelöffnung zulaufen lassen, ohne dabei den Messbecher abzunehmen.
200 g	Schmand	
½ TL	Meersalz	
1 Pr.	Pfeffer	
40 g	Olivenöl	

einfach

Zubereitungszeit: ca. 70 Min.
Aktiv: ca. 20 Min.

IM THERMOMIX
butterweich gegart

2 Portionen

Pro Portion Steak und Salat
kcal: 436, KH: 7 g, EW: 54,5 g, Fett: 20 g

Pro Portion Gazpacho-Salat
kcal: 178, KH: 13 g, EW: 3 g, Fett: 11 g

TIPP
Wenn Sie das Fleisch nicht medium haben möchten, lassen Sie es weitere 10 Minuten im Mixtopf garen!

Pulled Pork SALATWRAPS
- to go -

Zutaten:

200 g	Rotkohl, in Stücken
500 g	Schweinenacken oder Schweinebraten
einige	Salatblätter (z.B. Romanasalat o. Eisbergsalat)

Für die Soße:

1	Zwiebel, in Stücken
1 Stk.	Ingwer (haselnussgroß)
2	Knoblauchzehen
1	Suppengrün, geputzt, gewürfelt (500 g)
25 g	Tomatenmark
30 g	Olivenöl
¼ TL	Cayennepfeffer
1 TL	Paprikapulver, edelsüß
1 TL	Oregano, getr.
30 g	Apfelessig
1 EL	Sojasauce
400 g	stückige Tomaten (Dose)
1 EL	Gemüsebrühpulver
¼ TL	Räuchersalz (altern. Meersalz)
200 g	Wasser
¼ TL	Kurkuma
¼ TL	Paprikapulver, geräuchert
½ TL	Kümmel, gem.

1. Rotkohl in den Mixtopf geben und **5 Sek./Stufe 5** mithilfe des Spatels raspeln. Umfüllen und in den Kühlschrank stellen (wird für das Anrichten später gebraucht). Mixtopf spülen.

2. Für die Soße Zwiebel, Ingwer, Knoblauch und gewürfeltes Suppengrün im Mixtopf **20 Sek./Stufe 5** zerkleinern. Mit dem Spatel alles vom Mixtopfrand nach unten schieben. Tomatenmark und Olivenöl zugeben und **6 Min./120°C/Stufe 2** dünsten.

3. Alle restlichen Soßenzutaten in den Mixtopf geben und **4 Min./Varoma/Stufe 2,5** erhitzen. Anschließend das Fleisch im Ganzen auf das Messer setzen, Mixtopf verschließen und **90 Min./100°C/ /Sanftrührstufe** einstellen. In der Zwischenzeit die Salatblätter als ganze Blätter vom Salatkopf trennen und waschen. Dies sind die "Wraps".

4. Fleisch aus dem Mixtopf nehmen und zerrupfen. Soße abschmecken. Auf jeden Wrap etwas Rotkohl, Fleisch und Soße verteilen oder als einzelne Zutaten zum "Selbstbauen" auf den Tisch stellen.

TIPP
Sie können auch noch Gurkenscheiben usw. in Ihren Wrap füllen.

einfach

Zubereitungszeit: ca. 1 Std. 45 Min.
Aktiv: ca. 20 Min.

Green Wraps

4 Portionen

Pro Portion
kcal: 423, KH: 12 g, EW: 26 g, Fett: 29 g

Gefüllte CHAMPIGNONS
- mit Chorizo -

Zutaten:

300 g	große Champignons, 3 Stück (z.B. Portobello)
50 g	Parmesan
125 g	Chorizo, gewürfelt
½	Zwiebel, halbiert (40 g)
1 TL	Kräuter der Provence
10 g	Olivenöl
etwas	Pfeffer
½ TL	Meersalz

Für die Tomatensoße:

1	kl. Karotte, in Stücken (80 g)
1	kl. Zwiebel, halbiert (40 g)
4	Knoblauchzehen
10 g	Olivenöl
400 g	stückige Tomaten (Dose)
1 EL	Thymian, getr.
1 TL	Rosmarin, getr.
1 TL	Meersalz
etwas	Pfeffer, frisch gem.
1 TL	Erythrit (z.B. Sukrin)
10 g	Balsamicoessig, dunkel

1. Backofen auf 180°C Ober-/Unterhitze vorheizen. Parmesan im Mixtopf **10 Sek./Stufe 7** reiben. Umfüllen. Champignons putzen, Stiele entfernen, vorsichtig etwas aushöhlen und in eine Auflaufform geben. Das Ausgehöhlte im Mixtopf **3 Sek./Stufe 5** zerkleinern. Umfüllen.

2. Zwiebel im Mixtopf **5 Sek./Stufe 5** zerkleinern. Mit dem Spatel alles vom Mixtopfrand nach unten schieben. Restliche Zutaten (außer Parmesan) sowie die Champignonmasse einfüllen und **5 Min./Varoma/Stufe 1** köcheln lassen.

3. Die Hälfte des Parmesans in den Mixtopf geben und **10 Sek./Stufe 2** vermengen. Masse in die Champignonköpfe füllen und den restlichen Parmesan darüber streuen. Für ca. 30 Min. in den Backofen geben. Mixtopf muss nicht gespült werden.

4. Für die Soße Karotte, Zwiebel und Knoblauch im Mixtopf **5 Sek./Stufe 5** zerkleinern. Mit dem Spatel alles vom Mixtopfrand nach unten schieben. Olivenöl zugeben und **5 Min./120°C/Stufe 1** dünsten. Restliche Zutaten dazugeben und **20 Min./Varoma/Stufe 1** kochen lassen. Gareinsatz als Spritzschutz auf den Mixtopf stellen. Die überbackenen Champignons mit der Tomatensoße servieren.

TIPP
Essen Sie dazu "Pimientos de Patron". Das sind kleine, grüne Paprikaschoten. Dazu die Pimientos in Olivenöl scharf anbraten. Die Haut sollte Blasen werfen. Mit Meersalz würzen. Fertig!

einfach

Zubereitungszeit: ca. 40 Min.
Aktiv: ca. 20 Min.

PFIFFIGE Pilzköpfe

2 Portionen

Pro Portion
kcal: 552, KH: 17 g, EW: 31 g, Fett: 39 g

Bohnen-GYROSEINTOPF
- mit Feta -

Zutaten:

Für das Würzöl:
4 TL	Thymian, getr.
4 TL	Oregano, getr.
1 TL	Paprikapulver, edelsüß
2	Knoblauchzehen
50 g	Olivenöl
500 g	Schweinehals, in Streifen geschnitten
1	Zwiebel, halbiert (80 g)
50 g	Tomatenmark
200 g	Tomaten, geviertelt
200 g	Champignons, geviertelt
400 g	stückige Tomaten (Dose)
etwas	Cayennepfeffer
1 TL	Meersalz
etwas	Pfeffer, frisch gem.
50 g	Kalamata-Oliven
200 g	Prinzessbohnen, halbiert

Zum Servieren:
100 g	Feta
etwas	Petersilie, frisch gehackt

1. Thymian, Oregano, Paprikapulver und Knoblauch im Mixtopf **10 Sek./Stufe 8** mahlen. Mit dem Spatel alles vom Mixtopfrand nach unten schieben. Olivenöl dazugeben und **5 Sek./Stufe 4** vermengen. Würzöl zum Fleisch geben und ca. 1 Std. marinieren. Mixtopf nicht spülen.

2. Zwiebel in den Mixtopf geben und **4 Sek./Stufe 4** grob zerkleinern. Mit dem Spatel alles vom Mixtopfrand nach unten schieben. Fleisch und Tomatenmark zugeben und **7 Min./100°C/ /Sanftrührstufe** dünsten.

3. Restliche Zutaten (außer Oliven, Bohnen und Feta) zugeben und **20 Min./Varoma/ /Sanftrührstufe** garen.

4. Oliven und Prinzessbohnen in den Varoma geben und aufsetzen. Weitere **15 Min./Varoma/ /Sanftrührstufe** garen.

5. Nach Garzeitende Bohnen und Oliven zum Eintopf geben und unterheben. Auf 4 Tellern verteilen. Feta darüber zerbröseln und mit frisch gehackter Petersilie bestreut servieren.

TIPP
Das Fleisch kann auch schon am Vorabend oder morgens mariniert werden. Wenn Sie das Gericht spontan machen möchten, können Sie auch fertig eingelegtes Gyrosfleisch verwenden.

einfach | Zubereitungszeit: ca. 50 Min. | Aktiv: 20 Min. Marinierzeit: 1 Std.

JEDER LÖFFEL ein Genuss

4 Portionen

Pro Portion
kcal: 417, KH: 9,5 g, EW: 37 g, Fett: 25 g

Low Carb WAFFELBURGER
- mit Blumenkohl -

Zutaten:

Für die Waffeln:

40 g	Parmesan, in Stücken
500 g	Blumenkohl, ohne Strunk
50 g	Wasser
2	Knoblauchzehen
4	Eier (Gr. M)
1 TL	Meersalz
etwas	Pfeffer, frisch gem.
1 TL	Currypulver
5 g	Flohsamenschalen (ca. 1 EL)

Für die Burgerpatties:

1	kl. Zwiebel (40 g)
1 Handvoll	Petersilie
10 g	Olivenöl
500 g	Rinderhackfleisch
etwas	Meersalz
etwas	Pfeffer
etwas	Tabasco

5 Scheiben	Cheddar
2-3	Tomaten, in Scheiben
5	Salatblätter

nach Geschmack Senf und
Low-Carb-Ketchup (LowCarb Band 1)

1. Parmesan im Mixtopf **20 Sek./Stufe 8** reiben. Umfüllen. Blumenkohl in den Mixtopf geben und **10 Sek./Stufe 5** zerkleinern. Wasser zufügen und **10 Min./Varoma/Stufe 1** garen. Blumenkohl in ein Sieb umfüllen und abkühlen lassen. Dann die restliche Flüssigkeit ausdrücken.

2. Knoblauch **5 Sek./Stufe 5** zerkleinern. Mit dem Spatel vom Mixtopfrand nach unten schieben. Blumenkohl, Parmesan und alle restlichen Waffelzutaten zugeben und **10 Sek./Stufe 4** vermengen. Waffeleisen erhitzen, mit etwas Öl bepinseln und fünf Waffeln ausbacken. Mixtopf spülen.

3. Zwiebel und Petersilie **5 Sek./Stufe 5** zerkleinern. Mit dem Spatel alles vom Mixtopfrand nach unten schieben. Öl zufügen und **3 Min./120°C/Stufe 1** dünsten. Restliche Pattie-Zutaten zugeben und **15 Sek./Stufe 3** vermengen. Masse in fünf Teile aufteilen und zu länglichen Frikadellen formen. In einer Pfanne mit etwas Öl braten.

4. Waffel der Länge nach halbieren. Frikadelle darauf geben und mit Käse, Tomaten und Salat belegen. Nach Geschmack noch Senf oder Ketchup darauf geben.

> **TIPP**
> Die Blumenkohl-Waffeln eignen sich auch super für die Mittagspause. Legen Sie eine Scheibe Schinken mit in das Waffeleisen und backen diese dann mit aus - lecker! Die Waffeln können eingefroren und im Toaster aufgebacken werden.

einfach

Zubereitungszeit: ca. 45 Min.
Aktiv: ca. 35 Min.

Burger
LOW CARB

5 Portionen

Pro Portion
kcal: 488, KH: 4 g, EW: 37,5 g, Fett: 35 g

Pro Waffel
kcal: 162, KH: 3 g, EW: 11 g, Fett: 11 g

All-in-one SCHWEINEFILET
- mit Senfgemüse -

Zutaten:

400 g	Chinakohl, in Streifen geschnitten
400 g	Schweinefilet
2	Knoblauchzehen
3	gr. Zwiebeln, halbiert (250 g)
3 EL	Petersilie, gehackt
20 g	Olivenöl
60 g	rote Paprika, gewürfelt
200 g	Champignons, geviertelt
200 g	Wasser
1 TL	Gemüsebrühpulver
1 TL	Thymian, getr.
1 TL	Meersalz
etwas	Pfeffer, frisch gem.
130 g	Frischkäse
45 g	Dijon-Senf

Außerdem: Bratschlauch

1. Chinakohlstreifen in den Varoma geben. Schweinefilet mit Salz und Pfeffer würzen und in einen Bratschlauch einwickeln. Auf den Einlegeboden legen. Varoma verschließen und beiseitestellen.

2. Knoblauch im Mixtopf **5 Sek./Stufe 5** zerkleinern. Zwiebeln dazugeben und **4 Sek./Stufe 4** grob hacken. Mit dem Spatel alles vom Mixtopfrand nach unten schieben. 1 EL Petersilie sowie 10 g Öl zugeben und **6 Min./120°C/ /Sanftrührstufe** dünsten.

3. Paprika, Champignons, Wasser, Gemüsebrühpulver, Thymian, Salz und Pfeffer dazugeben. Mixtopf verschließen, Varoma aufsetzen und das Ganze **20 Min./Varoma/ /Sanftrührstufe** köcheln lassen.

4. 2 Min. vor dem Garzeitende eine Pfanne mit Öl erhitzen. Schweinefilet aus der Folie nehmen und rundherum goldbraun braten. Währenddessen Frischkäse und Senf in den Mixtopf zugeben und weitere **2 Min./Varoma/ /Stufe 2** verrühren.

5. Chinakohlstreifen auf einem Teller anrichten und das Senfgemüse darüber verteilen. Nun das Schweinefilet in Scheiben schneiden und darauf geben. Mit der restlichen gehackten Petersilie garnieren.

einfach | Zubereitungszeit: ca. 60 Min. Aktiv: ca. 30 Min.

GIBT DEN Senf dazu

3 Portionen

Pro Portion
kcal: 428, KH: 9,5 g, EW: 40 g, Fett: 24 g

Indischer RINDERTOPF
- mit Spinat -

Zutaten:

160 g	Blattspinat, portionierbar (TK)
¼ TL	Kreuzkümmel
¼ TL	Kardamomkapsel
400 g	Rinderschulter, in feine Streifen geschnitten
160 g	Karotte, in Stücken
7 g	Ingwer, fein gehackt
200 g	Zwiebeln, in Halbringe geschnitten
20 g	Olivenöl
1 TL	Koriandersamen, gem.
200 g	Kokosmilch
150 g	Rinderbrühe
3	Kaffir-Limettenblätter (altern. etwas Limettenabrieb)
1,5 TL	Meersalz
1 Msp.	Muskatnuss
etwas	Meersalz

1. Spinat in den Mixtopf geben und **5 Min./100°C/Stufe 1** auftauen. In ein Sieb umfüllen und gut ausdrücken. Kreuzkümmel und Kardamom in den Mixtopf geben. Gareinsatz einsetzen und mit eingesetztem Gareinsatz **1 Min./Stufe 8** mahlen und zu den Rindfleischstreifen geben.

2. Karottenstücke und Ingwer in den Mixtopf geben, **15 Sek./Stufe 4** grob hacken. Zwiebeln und Öl zugeben, **6 Min./120°C/ /Stufe 1** dünsten. Fleisch mit gemahlenen Gewürzen sowie Koriandersamen in den Mixtopf geben und **5 Min./Varoma/ /Stufe 1** kochen.

3. Restliche Zutaten und Spinat dazugeben und **18 Min./Varoma/ /Stufe 1** kochen, dabei den Messbecher nicht in das Deckelloch einsetzen, sondern den Gareinsatz als Spritzschutz oben auf den Mixtopfdeckel stellen. Mit Salz und Muskat abschmecken.

TIPP
Servieren Sie das Gericht mit Blumenkohl-Püree (Seite 26) oder Blumenkohlreis (Seite 27) Kaffir-Limettenblätter bekommen Sie im Asialaden oder in gut sortierten Gewürzläden. Frische Blätter können Sie auch einfrieren!

einfach

Zubereitungszeit: ca. 40 Min.
Aktiv: ca. 20 Min.

WÜRZIGER Eintopf

4 Portionen

Pro Portion
kcal: 311, KH: 8 g, EW: 23 g, Fett: 20 g

Würziger GYROS-AUFLAUF
- mit Sauerkraut -

Zutaten:

60 g	Emmentaler, in Stücken
4 TL	Thymian, getr.
4 TL	Oregano, getr.
1 TL	Paprikapulver, edelsüß
2	Knoblauchzehen
50 g	Olivenöl
500 g	Schweineschnitzel
1	Zwiebel, halbiert (80 g)
500 g	mildes Sauerkraut
1 TL	Paprikapulver, edelsüß
½ TL	Meersalz
etwas	Pfeffer, frisch gem.
100 g	Crème fraîche

1. Emmentaler im Mixtopf **10 Sek./Stufe 4** reiben. Umfüllen.

2. Thymian, Oregano, Paprikapulver und Knoblauch **30 Sek./Stufe 8** mahlen. Olivenöl dazugeben und **10 Sek./Stufe 4** vermengen. Würzöl zum Fleisch geben und ca. 15 Min. marinieren. Mixtopf nicht spülen.

3. Fleisch in Streifen schneiden. Zwiebel im Mixtopf **5 Sek./Stufe 5** zerkleinern. Mit dem Spatel vom Mixtopfrand nach unten schieben und **3 Min./Varoma/Stufe 1** dünsten. Sauerkraut abtropfen lassen. Sauerkraut und restliche Zutaten für das Kraut (außer Crème fraîche) dazugeben und **20 Min./90°C/Stufe 1** kochen. Anschließend in eine Auflaufform geben. Mixtopf spülen. Backofen auf 180°C Ober-/Unterhitze vorheizen.

4. Fleisch im Mixtopf **6 Min./ /Varoma/Stufe 1** dünsten. Crème fraîche zugeben und mit Salz und Pfeffer abschmecken. **1 Min./ /Stufe 1** verrühren und auf dem Kraut verteilen. Emmentaler darüber geben und den Auflauf ca. 30 Min. überbacken. Ggf. noch 1-2 Min. mit Grillfunktion goldbraun backen.

TIPP
Zum Überbacken können Sie auch Feta anstatt Emmentaler verwenden! Diesen einfach mit der Hand über den Auflauf zerbröseln.

einfach

Zubereitung inkl. Marinier- & Backzeit: ca. 1 Std. 30 Min. | Aktiv: ca. 10 Min.

TOLLE VARIANTE mit Gyros

4 Portionen

Pro Portion
kcal: 410, KH: 5 g, EW: 35 g, Fett: 27 g

Griechischer RINDEREINTOPF
- mit Bohnen -

Zutaten:

2	Knoblauchzehen
200 g	Zucchini, in Stücken
100 g	Karotte, in Stücken
150 g	Zwiebeln, halbiert
20 g	Rapsöl
400 g	Rinderfilet
200 g	Tomaten, geschälte (Dose)
250 g	Fleischbrühe, flüssig
1 TL	Kreuzkümmel
3	Lorbeerblätter
1 Msp.	Zimt
etwas	Pfeffer
1 TL	Oregano, getr.
300 g	Prinzessbohnen
1 EL	Preiselbeer-Konfitüre
½ TL	Meersalz
1 TL	Petersilie, gehackt

1. Knoblauch, Zucchini und Karotte in den Mixtopf geben und **5 Sek./Stufe 5** zerkleinern. Zwiebeln dazugeben und **4 Sek./Stufe 4** grob zerkleinern. Mit dem Spatel alles vom Mixtopfrand nach unten schieben. Öl zugeben und **4 Min./120°C/ /Sanftrührstufe** dünsten.

2. Fleisch in Streifen schneiden, in den Mixtopf geben und **5 Min./Varoma/ /Sanftrührstufe** einstellen.

3. Tomaten, Brühe, Kreuzkümmel, Lorbeerblätter, Zimt, Pfeffer und Oregano dazugeben. Mixtopf verschließen. Prinzessbohnen in den Varoma legen und aufsetzen. **25 Min./Varoma/ /Sanftrührstufe** garen.

4. Preiselbeer-Konfitüre in den Mixtopf dazugeben und **10 Sek./Stufe 3** unterrühren. Eintopf mit Salz und Pfeffer abschmecken und Prinzessbohnen und mit Petersilie garniert servieren.

TIPP
Kombinieren Sie zu diesem Gericht Blumenkohlreis oder -püree (S. 26-27) oder eine Blumenkohl-Waffel (S. 76).

einfach
Zubereitungszeit: ca. 60 Min.
Aktiv: ca. 20 Min.

HERZHAFTES Stifado

4 Portionen

Pro Portion
kcal: 239, KH: 11 g, EW: 25 g, Fett: 10 g

Schoko-MUFFINS
- leicht gesüßt -

Zutaten:

50 g	Erythrit
3	Eier (Gr. M)
125 g	Mandelmilch, ungesüßt (z.B. Alpro)
½ TL	Vanillepulver
90 g	entöltes Mandelmehl
20 g	Kokosmehl
25 g	Backkakao
2 TL	Weinstein-Backpulver
1 Prise	Meersalz
40 g	weiße Schoko-Drops

1. Backofen auf 160°C Ober-/Unterhitze vorheizen. Erythrit im Mixtopf **15 Sek./Stufe 10** pulverisieren. Eier, Milch und Vanillepulver zugeben und **5 Sek./Stufe 5** verquirlen.

2. Restliche Zutaten (außer Schokodrops) zugeben und **5 Sek./Stufe 4** zu einem Teig vermengen. Mit dem Spatel alles vom Mixtopfrand nach unten schieben. Schoko-Drops zufügen und **5 Sek./ /Stufe 1** unterheben.

3. Teig in fünf gefettete Muffinförmchen füllen und im vorgeheizten Backofen ca. 25-30 Min. backen.

TIPP
Wenn Sie es etwas süßer mögen, können Sie etwas mehr Erythrit verwenden. Ein weniger kühlendes Gefühl im Mund erreichen Sie, wenn Sie das Erythrit zu 50% gegen Erythrit mit Stevia (z.B. Sukrin pluss) austauschen.

---

einfach

Zubereitung inkl. Backzeit: ca. 40 Min.
Aktiv: ca. 10 Min.

ZUCKERFREI UND GLUTENFREI
gebacken

5 Muffins

Pro Muffin
kcal: 176, KH: 4 g, EW: 15 g, Fett: 10 g

Schoko- "HAFER"KEKSE
- mit Kokos -

22 Cookies

Zutaten:

45 g	Kokosflakes
50 g	Mandelblättchen
60 g	Erythrit
100 g	weiche Butter
1	Ei (Gr. M)
½ TL	Vanillepulver
100 g	Mandelmehl, entölt
8 g	Kokosmehl
1 TL	Zimt
1 Prise	Meersalz
50 g	Schoko-Drops

1. Backofen auf 160°C Ober-/Unterhitze vorheizen. Kokosflakes und Mandelblättchen **5 Sek./Stufe 5** mahlen. Umfüllen. Erythrit **15 Sek./Stufe 10** pulverisieren, Butter zugeben und **45 Sek./37°C/Stufe 4** vermengen.

2. Ei und Vanillepulver zufügen und **30 Sek./Stufe 3** verquirlen. Mandel- und Kokosmehl, Zimt und Salz zufügen und **15 Sek./Stufe 3** verrühren. Anschließend Kokos-Mandel-Mischung sowie Schokodrops zugeben und **10 Sek./ /Stufe 1,5** vermengen.

3. Teig zu 22 Kugeln rollen (je ca. 20 g). Diese auf ein mit Backpapier belegtes Backblech setzen und platt drücken. Für ca. 18-20 Min. goldbraun backen.

TIPP
Wiegen Sie das Kokosmehl am besten mit einer Waage ab. Es hat eine sehr stark bindende Fähigkeit und könnte sonst zu hoch dosiert werden. Statt Schoko-Drops können Sie auch 85%-ige Schokolade grob gehackt verwenden!

Pro Keks
Kcal: 97, KH: 1,5 g
EW: 3,5 g, Fett: 8,5 g

einfach

Zubereitung inkl. Backzeit: ca. 50 Min.
Aktiv: ca. 20 Min.

Choc Choc Chip COOKIES

12 Cookies

Zutaten:

- **150 g** Erythrit, braun
- **200 g** Mandelblättchen
- **3** Eigelb
- **20 g** Butter
- **2 EL** Kakao (20 g)
- **1 Pr.** Meersalz
- **etwas** Vanillepulver
- **50 g** weiße Schoko-Drops

1. Backofen auf 160°C Ober-/Unterhitze vorheizen. Erythrit und Mandelblättchen in den Mixtopf geben und **15 Sek./Stufe 9** mahlen.

2. Mit dem Spatel Richtung Mixtopfboden schieben. Alle restlichen Zutaten (außer Schoko-Drops) zugeben und **45 Sek./Stufe 8** mixen. Schoko-Drops zugeben und **10 Sek./ /Stufe 1,5** untermischen.

3. Teig in ca. 12 Kugeln rollen, auf ein mit Backpapier ausgelegtes Blech geben und platt drücken. Im vorgeheizten Backofen ca. 15 Min. backen.

Pro Cookie
kcal: 152, KH: 2 g, EW: 5,5 g, Fett: 13 g

einfach

Zubereitung inkl. Backzeit: ca. 45 Min.
Aktiv: ca. 20 Min.

Süßes | 89

Beeren CRUMBLE
- mit Mandeln -

Zutaten:

75 g	Erythrit
100 g	Mandeln
50 g	Haselnüsse
50 g	Butter, in Stücken
½ TL	Vanillepulver
etwas	Zimt
120 g	Heidelbeeren

1. Backofen auf 170°C Ober-/Unterhitze vorheizen. Erythrit, Mandeln und Haselnüsse **10 Sek./Stufe 9** mahlen. Butter und die restlichen Zutaten (außer Heidelbeeren) dazugeben und **15 Sek./Stufe 3,5** zu feuchten Streuseln vermischen.

2. Förmchen mit der Hälfte des Teiges auskleiden. Im vorgeheizten Backofen ca. 10 Min. vorbacken. Anschließend den Ofen auf 200°C Ober- /Unterhitze heizen.

3. Anschließend die Beeren darauf verteilen. Den restlichen Teig darüber bröseln und ca. 15-20 Min. goldbraun backen.

TIPP

Das Crumble können Sie mit vielen Obstsorten zubereiten. Beerenfrüchte sind den Fruchtzuckergehalt betreffend jedoch für die Low Carb-Küche die geeignetste Fruchtsorte. Frische Heidelbeeren eignen sich für das Crumble am besten - TK-Beeren geben viel Flüssigkeit ab, so kann der Boden etwas "matschiger" werden.
Wenn Sie diesen Nachtisch etwas leichter gestalten möchten, stellen Sie nur die Hälfte des Teiges her und geben nur Streusel auf die Früchte.
Auch das schmeckt herrlich!

einfach

Zubereitung inkl. Backzeit: ca. 1 Std. 15 Min.
Aktiv: ca. 20 Min.

BEERENSÜSS & crunchy

4 Portionen

Pro Portion
kcal: 186, KH: 6 g, EW: 16 g, Fett: 11 g

Frischkäse KUCHEN
- mit Beeren -

Zutaten:

80 g	Erythrit
40 g	braunes Erythrit
40 g	Erythrit mit Stevia (z.B. Sukrin pluss)
500 g	Ricotta
3	Eier (Gr. M)
1 Prise	Meersalz
½ TL	Vanillepulver
100 g	Beeren nach Belieben
etwas	Butter zum Einfetten

1. Backofen auf 180°C Ober-/Unterhitze vorheizen. Eine runde Auflaufform (Ø ca. 20 cm) mit etwas Butter einfetten.

2. Erythritsorten im Mixtopf **10 Sek./Stufe 8** pulverisieren und alles mit dem Spatel nach unten schieben. Restliche Zutaten (außer Beeren) in den Mixtopf füllen und **25 Sek./Stufe 4** vermischen.

3. Ricottacreme in die gefettete Form füllen, die Beeren darauf verteilen und ca. 30 Min. backen.

TIPP
Die Erythritmischung ergibt ein gutes Mundgefühl - es "kühlt" nicht so sehr, wie wenn nur Erythrit verwendet wird. Alternativ können Sie auch 180-200g reines Erythrit verwenden.

einfach

Zubereitung inkl. Backzeit: ca. 45 Min.
Aktiv: ca. 10 Min.

ERFRISCHENDER Kuchen

8 Stücke

Pro Stück
kcal: 134, KH: 4 g, EW: 8 g, Fett: 10 g

Schneller TASSENKUCHEN

2 Kuchen

Zutaten:

85 g	Erythrit
2	Eier (Gr. M)
2 EL	Kakaopulver
1 TL	Weinsteinbackpulver
10 g	Rapsöl
100 g	Mandeln, gem.
20 g	Mandelmilch, ungesüßt (z. B. Alpro)
1 Prise	Meersalz

1. Backofen auf 180°C Umluft vorheizen und zwei feuerfeste Tassen mit etwas Öl einfetten. Erythrit in den Mixtopf geben und **10 Sek./Stufe 9** pulverisieren.

2. Restliche Zutaten dazugeben und **25 Sek./Stufe 3,5** mixen. Die Masse auf die beiden Tassen aufteilen.

3. Für ca. 30 Min. in den Backofen geben. Anschließend mit etwas Puderzucker aus Erythrit bestäuben.

Pro Kuchen
kcal: 459, KH: 6 g, EW: 20 g, Fett: 39 g

einfach   Zubereitung inkl. Backzeit: ca. 40 Min.
Aktiv: ca. 5 Min.

Vanille Joghurtmousse
- mit Erdbeeren -

4 Portionen

Zutaten:

2	Eiweiß
1 Pr.	Meersalz
80 g	Erythrit, pulverisiert
50 g	Sahne
1 EL	Erythrit
etwas	Vanillepulver
100 g	Naturjoghurt, mind. 3,5%
100 g	Frischkäse
20 g	Sofortgelatine
200 g	Erdbeeren
4	Minzblätter

1. **Rühraufsatz einsetzen.** Eiweiß und Salz **3 Min./Stufe 3,5** steif schlagen, nach **2 Min.** 80 g Erythrit einrieseln lassen. In eine große Schüssel umfüllen.

2. **Rühraufsatz einsetzen.** Sahne mit 1 EL Erythrit und Vanillepulver auf **Stufe 3** steif schlagen. Zum Eischnee umfüllen. **Rühraufsatz entfernen.**

3. Joghurt und Frischkäse in den Mixtopf geben, **40 Sek./Stufe 3** einstellen. Dabei die Gelatine einrieseln lassen. Joghurtcreme sofort zu Sahne/Eiweiß geben und mithilfe des Spatels unterheben. In eine Schüssel füllen und ca. 5 Std. in den Kühlschrank stellen.

4. Erdbeeren waschen, in Scheiben schneiden und auf vier Dessertteller verteilen. Mousse in Nocken abstechen und auf den Erdbeeren anrichten. Mit einem Minzblatt garnieren.

Tipp
Das Joghurtmousse können Sie auch in kleine Dessertgläser füllen und kühl stellen. Erdbeeren auf das feste Mousse geben und mit Minze garniert servieren.

Pro Portion
kcal: 121, KH: 5 g, EW: 11 g, Fett: 6 g

mittelschwer Zubereitung inkl. Wartezeit: ca. 5 Std. Aktiv: ca. 5 Min.

Süßes

Schwarzwälder CREME
- im Glas -

4 Gläser

Zutaten:

100 g	Kirschen, TK
150 g	Sahne
50 g	Milch
50 g	Erythrit, pulverisiert
½ TL	Vanillepulver
30 g	Sofortgelatine
100 g	Kirschen zum Garnieren
je 1 TL	Crème fraîche
etwas	85%-ige Schokolade

1. Angetaute Kirschen, Milch und Sahne **5 Sek./Stufe 8** pürieren. Alles mit dem Spatel vom Mixtopfrand nach unten schieben.

2. Erythrit und Vanillepulver zu den Kirschen in den Mixtopf geben und **40 Sek./Stufe 3** verrühren. Dabei die Sofortgelatine durch die Deckelöffnung einrieseln lassen. In vier Dessertgläser umfüllen und mind. 5 Std. kalt stellen.

3. Vor dem Servieren: Kirschen auftauen lassen und **8 Sek./Stufe 5** pürieren. Püree auf der Creme verteilen. Crème fraîche daraufgeben und mit einem Sparschäler etwas Schokolade darüber raspeln.

Pro Glas
kcal: 188, KH: 10 g, EW: 3 g, Fett: 15 g

einfach

Zubereitung inkl. Wartezeit: ca. 5 Std.
Aktiv: ca. 5 Min.

Himbeer ZABAGLIONE
- im Glas -

4 Gläser

Zutaten:

3	Eigelb, frisch
50 g	Erythrit
60 g	Weißwein, trocken
1 Pr.	Meersalz
200 g	Himbeeren

1. **Rühraufsatz einsetzen.** Alle Zutaten (außer Himbeeren) in den Mixtopf geben und **9 Min./70°C/Stufe 3** aufschlagen.

2. Himbeeren waschen und auf einem Küchentuch etwas abtropfen lassen. Auf 4 Gläser verteilen.

3. Zabaglione auf den Himbeeren verteilen und sofort servieren.

Pro Glas
kcal: 85, KH: 2,5 g, EW: 3 g, Fett: 5 g

einfach   Zubereitungszeit: ca. 15 Std.
Aktiv: ca. 2 Min.

Süßes

Fruchtiger QUARKAUFLAUF
- mit Beeren -

Zutaten:

350 g	Beerenmischung, TK
2	Eier, getrennt
1 Pr.	Meersalz
1 Msp.	Vanillepulver
50 g	Erythrit, pulverisiert
150 g	Magerquark
3 EL	Haselnüsse, gem.

1. Backofen auf 200°C Ober-/Unterhitze vorheizen. Eine kleine Auflaufform (ca. 15 x 20 cm) mit etwas Butter einfetten. Die tiefgekühlten Beeren in die Form geben und verteilen.

2. **Rühraufsatz einsetzen.** Eiweiß mit Salz **3 Min./Stufe 4** steif schlagen. Umfüllen. **Rühraufsatz entfernen.** Eigelb und die restlichen Zutaten einfüllen und **5 Sek./Stufe 3** verrühren.

3. **Rühraufsatz einsetzen.** 2/3 des Eischnees in den Mixtopf geben und **20 Sek./Stufe 1** unterheben. Erst die Quarkmasse in die Auflaufform geben, dann den restlichen Eischnee darauf verteilen. Im Backofen ca. 25 Min. backen.

TIPP
Den Quarkauflauf können Sie mit allen möglichen Früchten zubereiten!

einfach

Zubereitung inkl. Backzeit: ca. 45 Min.
Aktiv: ca. 5 Min.

8 Stücke

EIN SÜSSES Haupt-gericht

Pro Stück
kcal: 146, KH: 7 g, EW: 10 g, Fett: 8 g

Frühstücks PORRIDGE
- mit Blumenkohl -

Zutaten:

30 g	Kokosflakes (altern. Raspel)
300 g	Blumenkohl
200 g	Kokosdrink (z.B. von Alpro)
20 g	Erythrit
½ TL	Vanillepulver
10 g	Kokosmehl
5 g	Flohsamenschalen
125 g	frische Himbeeren

1. Kokosflakes in einer Pfanne goldbraun rösten. Auf einen Teller zum Abkühlen geben.

2. Blumenkohl waschen und in Stücken im Mixtopf **5 Sek./Stufe 4,5** auf Reiskorngröße zerkleinern. Kokosdrink, Erythrit und Vanillepulver dazugeben und **15 Min./90°C/Stufe 1** köcheln.

3. 2/3 der gerösteten Kokos-Chips, Kokosmehl und die Flohsamenschalen zugeben und **10 Sek./Stufe 2,5** verrühren.

4. Porridge in zwei Schalen füllen mit den Himbeeren und den restlichen Kokos-Chips garnieren.

> **Info**
> Der Blumenkohl schmeckt hier sehr neutral und Sie werden überrascht sein wie lecker das Porridge schmeckt!

einfach
Zubereitungszeit: ca. 15 Min.
Aktiv: ca. 5 Min.

Himbeere trifft auf BLUMENKOHL

2 Portionen

Pro Portion
kcal: 208, KH: 11 g, EW: 7 g, Fett: 12 g

Mandel-Zucchini WAFFELN
- mit Zimt -

Zutaten:

25 g	Goldleinsamen (z.B. von dm)
60 g	Erythrit
200 g	Zucchini
100 g	Mandelmehl, entölt
2	Eier (Gr. M)
1	Eiweiß
20 g	Walnussöl (altern. Rapsöl)
60 g	Wasser
1 TL	Zimt oder Lebkuchengewürz
1 Prise	Meersalz
etwas	Öl für das Waffeleisen

1. Waffeleisen vorheizen. Goldleinsamen und Erythrit im Mixtopf **20 Sek./Stufe 9** mahlen.

2. Zucchini in Stücken in den Mixtopf geben und **5 Sek./Stufe 5** zerkleinern. Alles mit dem Spatel Richtung Mixtopfboden schieben und weitere **3 Sek./Stufe 5** mixen.

3. Restliche Zutaten einfüllen und **20 Sek./Stufe 5** zu einem Waffelteig vermengen. Waffeleisen mit etwas Öl bepinseln und die Waffeln nacheinander ausbacken.

TIPP
Bereiten Sie gleich ein paar mehr zu und frieren Sie diese ein. Sie können morgens fix im Toaster aufgebacken werden und schmecken dann wie frisch zubereitet.

einfach
Zubereitungszeit: ca. 30 Min.
Aktiv: ca. 10 Min.

HEISSES aus dem Eisen

4 Portionen

Pro Portion
kcal: 204, KH: 5 g, EW: 18,5 g, Fett: 12 g

Chia-Himbeer-FRUCHTAUFSTRICH
- mit Vanille -

10 Portionen

Zutaten:

- 200 g   Himbeeren, TK
- 10 g   Erythrit (kann auch weggelassen werden)
- 15 g   Chia-Samen
- ½ TL   Vanillepulver

1. Gefrorene Himbeeren und Erythrit in den Mixtopf geben und **8 Sek./Stufe 6** pürieren. Dann **4 Min./100°C/Stufe 3** aufkochen.

2. Chia-Samen und Vanillepulver zugeben und **10 Sek./Stufe 2,5** verrühren.

3. Fruchtaufstrich über Nacht kalt stellen und am nächsten Morgen genießen.

Pro Portion (ca. 20 g)
kcal: 16, KH: 2 g, EW: 1 g, Fett: 1 g

einfach

Zubereitungszeit: ca. 5 Min.
Aktiv: ca. 1 Min.

Varoma FRÜHSTÜCKSEI
- im Glas -

2 Portionen

Zutaten:

etwas	Öl zum Einfetten
1	kl. Zwiebel (20 g)
50 g	Zucchini, in Stücken
50 g	rote Paprika, in Stücken
25 g	rohe Schinkenwürfel
3	Eier (Gr. M)
½ TL	ital. Kräuter
½ TL	Meersalz
etwas	Pfeffer, frisch gem.
500 g	Wasser

1. Zwei ofenfeste Gläser leicht einfetten. Zwiebel, Zucchini und Paprika im Mixtopf **5 Sek./Stufe 5** zerkleinern. 1 EL Öl dazugeben und **4 Min./Varoma/Stufe 1** andünsten.

2. Restliche Zutaten einfüllen und **15 Sek./Stufe 4** verrühren. Die Masse auf die Gläser verteilen und mit Frischhaltefolie abdecken. Mixtopf ausspülen und mit 500 g Wasser befüllen.

3. Varoma aufsetzen, Gläser hineinstellen und **25 Min./Varoma/Stufe 1** garen. Eignet sich auch super zum Frühstücken für unterwegs!

Pro Portion
kcal: 191, KH: 4 g, EW: 13 g, Fett: 13,5 g

einfach

Zubereitungszeit: ca. 30 Min.
Aktiv: ca. 5 Min.

Vielen Dank, dass Sie sich für dieses Buch entschieden haben. Wir legen Wert auf höchste Qualität in Bezug auf Rezepte, Gestaltung, Layout sowie Verarbeitung des fertigen Buches.

Alle Rezepte wurden von unseren Autoren im Thermomix TM5 gekocht, sowie ausführlich getestet. Es handelt sich um authentische Rezeptbilder, die selbst aufgenommen wurden.
Wir verzichten bewusst auf künstliche Bearbeitung der Speisen, da wir möchten, dass die Gerichte genau wie abgebildet bei Ihnen zu Hause auf dem Tisch landen.

Wir sind stehts bemüht, einfache und handelsübliche Zutaten zu verwenden und dem Leser jede Menge Tipps und Tricks an die Hand zu geben.
Durch die genaue Schritt-für-Schritt Anleitung sind die Rezepte zuverlässig und gelingsicher.

Impressum

© C. T. Wild Verlag & Handel GmbH
Saueracker 7, D-93309 Kelheim
Tel. 09441 703772-0
Email: info@mixgenuss.de
www.mixgenuss.de

1. Auflage - Januar 2017
ISBN-Nr.: 978-3-943807-94-3

Autorin: Tanja Lorenz
Gestaltung & Layout: Eva Gruber

Rezeptfotos: © Fotodesign Lorenz, © Tanja Lorenz
Fotos von fotolia.com: © baksiabat, © flas100, © akepong, © Fandorina Liza, © Natalie Barth, © Double Brain

Druck & Bindung:
bonitasprint GmbH, 92224 Amberg

klimaneutral
natureOffice.com | DE-204-289446
gedruckt

Alle Rechte vorbehalten. Die vollständige oder auszugsweise Speicherung, Vervielfältigung oder Übertragung dieses Werkes, ob elektronisch oder mechanisch, durch Fotokopie oder Aufzeichnungen, ist ohne vorherige Genehmigung des Rechtsinhabers urheberrechtlich untersagt. Dies gilt auch für das Einstellen unserer Rezepte in diversen Internetforen-/plattformen!
Verwendete Markennamen sind rechtlich geschützt und werden nur verwendet, soweit sie Bestandteile der Rezepte und Anleitungen sind. Alle Rezepte wurden von uns sorgfältig geprüft. Trotzdem können wir keine Gewähr für die Vollständigkeit und Korrektheit der zur Verfügung gestellten Informationen übernehmen. Aus diesem Grunde ist die Haftung für Schäden, die durch die Nutzung oder Nichtnutzung der dargebotenen Informationen entstehen, ausgeschlossen, soweit diese nicht auf Vorsatz oder grober Fahrlässigkeit unsererseits beruhen.